Astrología y Numerología 2024

Alina A. Rubí y Angeline Rubí

Publicado Independientemente

Astrólogas: Alina A. Rubí y Angeline Rubí

Email: rubiediciones29@gmail.com

Edición: Angeline A. Rubí

rubiediciones29@gmail.com

Predicciones Astrológicas 2024

¡Llegó el año 2024! Un año significativo a nivel astrológico. Seremos testigos de eventos que tendrán repercusión en el mundo de forma general, se avecina un periodo de transformación colectivo. Una etapa de reflexión, abstracción, evaluación y separación de lo que ya no funciona.

Viviremos una reestructuración de los sistemas políticos, que implican cambios en el equilibrio del poder, manifestación de nuevas tendencias políticas, y transformaciones en la forma de funcionar de los autoridades y los gobiernos.

La energía de Plutón provocará cambios significativos en la economía, se desarrollarán nuevas industrias y compañías, pero continuará el declive de las que están instituidas. Es el inicio de un nuevo ciclo económico con mucho potencial para la innovación.

Plutón continuará ejerciendo efectos catastróficos en la estructura social de los países. Todo los temas relacionados al poder, el control y la autoridad estarán en la primera página de las noticias durante este año. Esto traerá como consecuencia que se establezcan nuevas estructuras de poder. Es el comienzo de una era con más valores y conciencia social.

Se avecina un cambio en las fuerzas del poder mundial, porque el retorno de Plutón significa un momento de metamorfosis para los Estados Unidos. Esto implica un cambio en el equilibrio del poder entre todos los países del mundo, y veremos surgir nuevos actores a nivel global, y transformación de las relaciones mundiales.

El 20 de enero del 2024, a las 7:51 p.m. (EST) Plutón, transita de Capricornio hacia Acuario. No es tránsito definitivo porque Plutón volverá al signo de Capricornio cerca del día de las elecciones de los Estados Unidos y regresará a Acuario el 19 de noviembre del 2024. Estas elecciones serán inolvidables, ya que la estancia de Plutón en Capricornio del 1 de septiembre al 19 de noviembre coincide con estas elecciones. Este tránsito incrementa la inseguridad, desconfianza, dilema y conmoción de la atmósfera política.

Durante la etapa previa a las elecciones, el país se enfrentará a temas graves y trascendentales sobre la autoridad, y la democracia. El resultado de estas elecciones será una señal planetaria del cambio y la evolución que se necesita. Será la voz de los temas del tránsito del planeta Plutón.

Al momento que Plutón transite hacia el signo de Acuario comenzarán a suceder cambios significativos a nivel mundial. Este tránsito conducirá a un análisis profundo y exhaustivo de la forma en que se maneja la autoridad, los gobiernos y los métodos sociales en todo el mundo. Todas las estructuras de poder serán destruidas y las normas instauradas serán cuestionadas. Todos estos cambios van a producirse paulatinamente.

Todos estos eventos astrológicos nos impactarán a nivel personal. Todos los cambios globales tienen tendencia a motivarnos a crecer como personas. Si logras entender los temas y energías que están en juego, tendrás la oportunidad de prepararte para los cambios que directamente pueden afectarte.

A medida que el mundo padece estos cambios de valores sociales, nuestros propios valores se transformarán. Esto implica la reevaluación de nuestras creencias, prioridades y forma de pensar. Al cambiar nuestros valores nos relacionaremos con personas que van a compartir nuestras creencias, esto será una oportunidad para analizar nuestras relaciones actuales.

Los cambios financieros que se derivarán de estas influencias crearán nuevas oportunidades a nivel profesional porque surgirán nuevas industrias. Debes mantenerte informado sobre las nuevas tendencias económicas para que puedas tener éxito en estos sistemas en evolución.

La entrada oficial de Plutón en Acuario comienza el 19 de noviembre del 2024, Plutón deforma, corrompe, y transforma los temas del planeta que rige el signo por donde él transita. Estos temas atraviesan por un proceso de muerte y renacimiento, y al final quedan cambiados para siempre.

El signo Acuario está vinculado a la ciencia, los descubrimientos científicos, la tecnología, el cosmos, las revoluciones políticas y sociales, los cambios sociales, y las ideas liberales.

Los posibles eventos de Plutón en Acuario incluyen una amplia gama de avances tecnológicos y científicos. Surgirán muchos avances específicos en la inteligencia artificial, y la nanotecnología. Literalmente viviremos una revolución industrial, no olvidemos que el signo Acuario rige la tecnología. Viviremos eventos super importantes relacionados con los viajes espaciales, la existencia de los extraterrestres e implemento de tecnologías que disminuirán nuestros niveles de dependencia del petróleo.

Otro cambio con este transito será en la estructura del poder, la libertad y en darle voz a los oprimidos. Se avecina un huracán de avances políticos con Plutón en Acuario, y para nadie es un secreto que los regímenes autoritarios abundan. La división política que hemos apreciado en los Estados Unidos se acelerará aún más. Continuarán las luchas por el poder, y la creación de nuevos partidos políticos.

Habrá una separación de los prototipos característicos de poder a medida que los dominados obtienen más poder y derecho a la justicia.

En síntesis, un ciclo completamente desconocido está en camino. El año 2024 es un portal hacia una dimensión totalmente diferente. Los tres planetas exteriores Júpiter, Saturno, Urano y Neptuno. Trabajaran al unísono para ayudarnos a crear una realidad completamente diferente. Urano, Neptuno y Plutón unirán sus fuerzas para elevar nuestra conciencia cimentando en piedra la Era de Acuario.

Somos bendecidos que la tecnología y la espiritualidad nos darán su apoyo en estos cambios hacia un mundo completamente diferente en donde la originalidad y la evolución personal prevalezcan, a medida que más personas despierten y se desconecten de la opresión mental a la que han estado sometidos.

Tenemos que ser sensatos y recordar que para que este nuevo ciclo pueda avanzar, todas las estructuras obsoletas tienen que continuar colapsando como ha estado sucediendo desde el año 2021. Saturno, ese maestro sin compasión, está a cargo de este proceso mientras transita por Piscis, y Júpiter le extiende su bondadosa mano.

Los Nodos Lunares en el eje Aries y Libra continuarán poniéndole un punto final a las relaciones tóxicas, abusivas y codependientes.

No olvides que la astrología ejerce un papel en la alineación de los eventos, conjuntamente con los comportamientos humanos. La prudencia y la adaptación son cualidades decisivas para las oportunidades y los desafíos del año 2024.

La fusión de los conocimientos astrológicos con las experiencias vividas nos permitirá dirigirnos hacia un futuro luminoso.

Recuerda que a medida que el mundo cambia, tú tienes la oportunidad de cambiar con él. Si no te resistes a los cambios vas a poder navegar este año 2024 saludablemente.

Aries

Poderoso y carismático, Aries, el primer signo del zodiaco, cuando se trata de amor y romance, Aries se alimenta del fuego, su elemento natural.

Conocido por su temperamento impredecible y por su ternura, Aries es multifacético cuando se trata de amor.

Parte de lo que hace que Aries sea tan exitoso es su magnetismo y habilidad natural, el atrae con su entusiasmo innato y su optimismo, condimentando todas sus relaciones a través de su contagiosa alegría de vivir.

Al ser un signo tan ambicioso no es de extrañar que Aries se esfuerce por tener una relación perfecta. Aries te puede afirmar que la asociación ideal es la que está libre de argumentos, pero realmente, este signo está más satisfecho con una dosis emocionante de tensión.

A él le gusta ganar, y la competencia lo desafía a exhibir sus mejores cualidades.

Si quieres mantenerlo comprometido, asegúrate de reconocer sus victorias.

Todos los signos de fuego (Aries, Leo y Sagitario) requieren de un público, pero Aries es quizás el más osado en exhibir su necesidad de validación, y siempre tendrás una relación feliz con el asertivo Aries si terminas cada palabra con un signo de exclamación, en lugar de un signo de interrogación.

El ego de Aries es parte de su configuración cósmica, ocasionalmente puede ser arrogante pero su ego no es malo. De hecho, todo el zodíaco comienza gracias a la autoconfianza de Aries.

El espíritu vivaz de Aries es vigorizante e inspirador, pero puede ser complicado ya que Aries exige atención constante, que, si no se maneja bien, puede agotarte. Es importante para las parejas de Aries aprender a decir no, incluso si eso significa aguantar una rabieta ocasional.

Debes recordar que Aries siempre está probando los límites, así que no te sorprendas si tu pareja Aries ocasionalmente dice, o hace, algo inapropiado. Esta es su forma de medir lo que puede ser, y no puede ser accesible, por lo tanto, si tu pareja Aries hace algo incorrecto, asegúrate de decírselo inmediatamente.

Este signo de fuego respeta las fronteras personales, por lo que una vez que él entiende los parámetros de su relación se asegurará de honrar tus requisitos.

Aries necesita ser nutrido y apoyado en todo momento, y aunque se proyecta fuerte, en realidad es extremadamente delicado, así que, si estás dispuesto a desempeñar el papel de animador emocional, tu pareja Aries estará eternamente agradecida.

Aries es muy ambicioso, y quiere formar parte de una pareja que brille privada, y públicamente, sin embargo, si las aspiraciones de la pareja de Aries lo sobrepasan, este signo ardiente se vuelve un poco envidioso.

Si esto pasara, no te preocupes, solo encuentra la oportunidad para celebrar sus logros, y él se asegurará de irradiar un manantial de gratitud.

Jugar juegos en el amor no es aconsejable, pero con Aries, las cosas difieren ya que el disfruta de los desafíos. No obstante, n debes utilizar la manipulación ya que Aries es directo, y no hay nada que odie más que ser burlado.

Puedes bromear y ser juguetón, pero al final del día, asegúrate de siempre hacerlo con intenciones honestas.

Aries ama la comodidad, y aprecia el estilo, así que, si estás buscando nuevas formas de llamar su atención, no tengas miedo de destacarte, él se siente atraído a opciones de moda desafiantes, los colores brillantes, y patrones intrépidos.

Los desajustes capturan su ardiente corazón, y como ama la alegría, si observa que te estás divirtiendo provocarás una atracción instantánea.

A Aries lo alimenta la pasión, por lo que cuando se trata de relaciones a largo plazo, es crítico que encuentres nuevas, y emocionantes, formas de mantener la llama del amor encendida constantemente.

El sexo es importante para Aries, el contacto físico asegura saciar a un Aries.

Ellos siempre quieren sentir que la relación es una elección, no una obligación, en consecuencia, mantendrán viva la chispa al infundir su relación con aventura, drama y, por supuesto una discusión de vez en cuando.

Pelear, recuerda, es en realidad, saludable para Aries ya que mantiene su fuego encendido y si alguna vez has tenido una relación con Aries durante un largo período de tiempo, ya sabes que la relación en algún momento llega a una encrucijada.

Como Aries acostumbra a zambullirse en las relaciones de cabeza, tener momentos de reflexión es considerablemente importante para él ya que necesita la libertad de considerar las implicaciones de su compromiso a largo plazo. Por ende, debes darle espacio para sopesar sus opciones y llegar a una determinación.

Después de un poco de reflexión, tu pareja Aries seguramente regresará a la relación más entusiasmado.

Horóscopo General de Aries

El año pasado fue retador y emocionante. Nunca tuviste un momento monótono. La vida parecía movida y delirante. En la superficie eso aparentaba una locura, pero debajo había una profunda agenda espiritual sucediendo. Estuviste, y estás siendo liberado, de todo tipo de ataduras.

Las predicciones para Aries en el 2024 indican que la primera mitad del año estará llena de suerte, amor y crecimiento. Pero en la segunda mitad del año, puede haber problemas con respecto a la salud, los negocios, la vida amorosa, el trabajo y muchos más.

Este año 2024 puedes tener algunos problemas con tu salud, y altibajos en tu situación económica, pero básicamente tu salud será el principal motivo de preocupación.

Los altibajos también se pueden ver en tu vida amorosa, trata de mantener el respeto en tus relaciones.

El planeta Mercurio se vuelve directo la primera semana de enero, y este cambio cósmico enfatiza tu vida social durante todo el año. Recibes este año lo que necesitas para prosperar, trata de estar atento a todas las oportunidades

Aries, este año 2024 tienes que tratar de ser coherente con tu trabajo y dedicación. Si has estado trabajando en algún proyecto desde hace mucho tiempo o has puesto tú energías con entusiasmo en ello, el destino cambiará las cosas a tu favor. El cielo derrochará una avalancha de positividad y éxitos en tu vida.

Las influencias planetarias te acercarán aún más al amor de tu vida, sino tienes pareja. Tu horóscopo del 2024 enseña que compartirás una relación romántica agradable con una pareja este año. Quizás sucedan algunos malentendidos y conflictos menores, pero la experiencia general será de felicidad absoluta.

Tus lazos familiares serán satisfactorios. Tendrás la oportunidad de confiar en tu familia y amigos en cualquier circunstancia. Siempre existirán desacuerdos y diferencias de opinión con las personas que te rodean, pero no se detectan sorpresas desagradables en tu horóscopo del 2024.

Espera algunos cambios en tu profesión, pero tendrás trabajo y dinero, lo más importante en este periodo de recesión. Serás apasionado y ambicioso en todas las cosas que realices. La monotonía no estará presente en tu vida y esta será tan emocionante y suntuosa como desees y logres visualizar. La única sugerencia es que debes trabajar con esmero y aprovechar al máximo todas las oportunidades privilegiadas que surgirán en tu camino a lo largo del año.

Nunca debes actuar por impulso ya que esto podría arruinar tus posibilidades de tener éxito.

Amor

Debes aprender a compartir sin asfixiar, esa será la llave maravillosa que abrirá las puertas del corazón de tu pareja sentimental, o de aquella persona que anhelas conquistar.

Si no tienes una conexión sólida con tu pareja cada periodo de Lunas llenas te motivará a reevaluar las prioridades de tu relación, y es posible que debas hacer varios cambios para mejorar. Te involucrarás más si tomas las decisiones correctas, o quizás puedes alejarte sino crees que la relación tiene futuro. Por otro lado, hay algunas relaciones y conexiones que definitivamente ya no son buenas para ti, y te veras obligado a dejar ir, o al menos no dedicarles tanto tiempo y energías.

El año termina con una nota frágil para ti con Marte tu planeta regente, retrógrado el 6 de diciembre del 2024, en tu área del amor.

El final del 2024 será un momento difícil para el amor, y tendrás dificultades para manejar tus relaciones amorosas ya que regresan viejos problemas y puedes tener peleas constantes con tus seres queridos.

Trata de ser más comprensivo, paciente y tener una salida saludable para tus frustraciones.

Economía

Urano permanecerá en tu sector financiero todo el año, continuando con los cambios referente a la forma en que administras tu dinero, ganas dinero y gastas dinero.

Trata de buscar oportunidades financieras y trata de hacer todo lo que puedas para asimilar esta energía desafiante.

Es posible que desees convertir un pasatiempo en algo rentable, o empezar un segundo trabajo para obtener dinero extra. Esto podría ayudarte a aliviar algunas de las dificultades y pagar algunas deudas.

Obtendrás ganancias financieras de inversiones en el mercado de valores. Invertirás en negocios como compras de casas o un terreno para construir una casa, y pagarás un préstamo.

Las predicciones económicas para el año 2024 indican que recibirás ganancias de bienes raíces o propiedades.

Los demás te percibirán más seguro de ti mismo y podrían confiarte más responsabilidades. Quizás podrían darte el control de un proyecto.

Es un año excelente para solicitar un trabajo mejor, incluso uno que requiera más cualificaciones profesionales.

Hay algunos periodo del año donde se prevén cambios pérdidas o reveses quete llevarán a plantearte nuevas estrategias para tu futuro. Estas situaciones adversas escaparán a tu control y responderán a condiciones económicas generales.

El año 2024 cierra con una Luna Nueva, el 30 de diciembre, en tu área profesional, y esta Luna te ayudará a encaminarte para el 2025.

Establece nuevas metas y busca con entusiasmo oportunidades para que el próximo año sea espectacular.

Familia

Puedes pasar más tiempo en tu casa, tratando que tu vida familiar funcione, y este puede ser un año para renovaciones en tu hogar, o quizás decidas mudarte.

Aprovecha los periodos de Luna Nueva para mejorar tu vida hogareña o pasar más tiempo en tu casa, o en los lugares que se sienten como tu casa.

Es posible que tengas la oportunidad de hacer algo con tu familia o alguien que consideres como familia, y esto puede ser emocionante.

tendrás estabilidad financiera en la familia. De hecho, si ahorras, y te planificas tus recursos contribuirán a tu felicidad familiar. Tendrás la oportunidad de hacer nuevos amigos y quizás haya una adición tu familia a través de un nacimiento o un matrimonio después de marzo del 2024.

Preocúpate por la forma que te nutres y los trastornos en el sueño como consecuencia de la carga de trabajo, todo esto te puede causar mucha ansiedad.

Salud de Aries

Dudar de tu poderosa energía sería un error, pero eso es un problema porque tu piensas que no tienes límites y esa forma de pensar siempre te lleva a abusar de ella. Tu abusas de tus potencialidades físicas como si fueras Hércules, y no un simple mortal.

La realidad es que tanto tu cuerpo, como tu mente necesitan descansos y cuidados para funcionar óptimamente.

Tendrás algunos problemas de salud importantes en tu vida, no solo física, sino mentalmente. En este año 2024, debes cuidar tu salud, ya que muchas obstáculos se cruzarán en tu camino.

Es posible que no sea una lesión o trastorno físico, pero tu salud mental estará en su punto máximo y será difícil para ti hacer frente a las cosas en tu vida mentalmente.

Tendrás algunos desafíos importantes y te frustrarás hasta tal punto que será difícil para ti superarlo.

Necesitas traer paz a tu vida, mantener tus problemas de ira a un lado y hacer todo lo posible para reducir el estrés.

Tienes que evitar las personas toxicas que te causan estrés y llevar una vida saludable. Si tienes el hábito de fumar y beber, necesitas dejar de hacerlo

Haz yoga y ejercicios para tu paz mental. Tendrás que hacer estas cosas constantemente durante todo el año para reducir el estrés y evitar problemas crónicos de salud.

Fechas Importantes

- ***Mercurio retrógrado en Aries del 1 al 25 de abril****, y un* ***Eclipse solar sucede en Aries el 8 de abril****. Mercurio retrógrado en tu signo puede ser un momento frustrante en el que pequeños inconvenientes salen de la nada, y puedes estar constantemente irritado. Debes tener más paciencia en general y tratar de estar preparado antes de que suceda quitando pequeñas piedras del camino para que no parezcan como un problema.*

- ***Una Luna llena ocurre en Aries el 17 de octubre,*** *y este puede ser un momento cargado de emociones, pero también de resultados. Estarás más en sintonía con tus emociones y más dispuesto a mostrarlas.*

- ***Marte, tu planeta regente se vuelve retrógrado el 6 de diciembre y termina el año retrógrado****. Esto tiene un impacto adicional para ti porque Marte es tu planeta regente, y cada vez que Marte está retrógrado, puedes sentirte lento. Debes ser amable contigo mismo y no dejar que las frustraciones te desesperen. Dales cierta flexibilidad a tus planes. Esto continúa en el nuevo año ya que Marte estará retrógrado hasta el 23 de febrero del 2025.*

Tauro

Es sencillo enamorarse de Tauro. Este signo es puro poema, y pasión. Regido por Venus, el planeta del amor, Tauro disfruta de la buena vida, y, de hecho, nunca se conformará con nada menos de lo que se merece, una peculiaridad que le ha conquistado el título del signo más obstinado del zodiaco.

Regido por Venus, Tauro ama el romance, sabe cómo enamorar, y adora ser cortejado, así que, naturalmente sabe cómo seducir. Tauro es apasionado, se toma sus responsabilidades en serio, y quiere una pareja para toda la vida porque es muy tradicional.

No hay nada que excite más a Tauro que esa sensación de seguridad. Tauro es popular por ser un prometido estable, con los pies en la tierra y honrado. Algo muy importante para tener en cuenta es que antes de la fidelidad, a Tauro tienes que darle de comer y beber como si no existiera el mañana. Al estar tan relacionado con Venus, su forma de seducción circula en torno al erotismo, por ende, si estás preparado para enamorarlo, disponte para un viaje con todo incluido a través de ecos y aromas.

Como Tauro está tan interconectado con el mundo material, disfruta expresando su adoración a través de los regalos, y nunca se atrevería a regalarte cosas baratas. Tauro mostrará su admiración con un obsequio que capte tu espíritu. Esto no es totalmente altruista, él espera algo a cambio.

Tauro necesita saber que se lo estimas y que la relación es recíproca. Después de todo, así que cada vez que Tauro expresa un agrado o desagrado, espera que lo recuerdes. Presta mucha atención a los comentarios de tu pareja Tauro, incluso hasta deberías tomar algunas notas.

Si insinúa que le encanta el flan de calabaza significa que estará esperando que le compres uno. Aunque Tauro está impregnado de sensualidad, es muy importante que no te pases del límite. De hecho, este espécimen terrenal desconfiará mucho de alguien con un enfoque tosco, así que tómate tu tiempo para ganarte su confianza.

Tauro cuando se trata de amor, no está apurado así que aprovecha la oportunidad para avanzar con calma, dejando que la relación se desarrolle de forma natural.

El tarda un tiempo en abrirse poque disfruta de todo el proceso, y para esta pareja venusina, enamorarse es una experiencia increíblemente mágica, que merece la pena. Tauro aprecia la seguridad, y tiende a gravitar hacia a las parejas que comparten sus puntos de vista sobre las finanzas, la profesión y la familia.

Como todo este punto es tan importantes para ellos, es fácil calibrar sus intenciones desde el principio. Así que, si Tauro te pregunta sobre tus ingresos, aspiraciones profesionales o la casa de tus sueños en la tercera cita, puedes estar convencido de que está interesado en avanzar seriamente.

El sexo es algo muy importante para los amantes de Tauro. En consecuencia, el acto en sí no es tan importante como su preparación.

Los preliminares son lo que más lo excita, y como todo con este hijo de Venus, debe ser una experiencia sensorial completa. No olvides esto: A Tauro le encanta la tradición, y estos gestos de adoración consagrados serán bien recibidos y crearán el ambiente propicio para unas noches extremadamente apasionadas.

La zona erógena de Tauro es el cuello, por lo que los besos en esta zona harán que se vuelva loco. Aunque a Tauro le gusta estar con su pareja, también necesita mucho tiempo a solas para mimarse, él toma en serio sus rituales de cuidado personal y, sobre todo si su espacio se ve amenazado, puede llegar a ser bastante posesivo con su entorno.

Nunca se te ocurra tocar los objetos sagrados de Tauro. Para el, coger algo sin permiso es una declaración de guerra.

Porque este signo le da valor a cada posesión y se preocupa por cada cosa que posee, y esto puede degenerar rápidamente en ligeras tendencias acaparadoras, en ninguna circunstancia tires nada que pertenezca a Tauro. No merece la pena arriesgarse con su ira. Y con sus gustos tan lujosos, no hay casi nada que valga la pena botar.

Para Tauro la calidad está por encima de la cantidad. En otras palabras, a tu pareja Tauro no le importará cuántas carteras tengas, siempre sean de lujo. Cuando se trata de una relación duradera con Tauro, el dinero importa. Por supuesto, esto no significa que se sienta atraído exclusivamente por multimillonarios.

De hecho, el objeto no es tan importante. Lo que realmente diferencia es la forma en que su pareja gana y ahorra sus ingresos.

Asegúrate de reconocer siempre el merecido éxito de tu pareja Tauro.

Parece un poco complejo este signo, pero una vez que empieces a adaptarte a este estilo de vida, tú también te darás cuenta de que todo esto es justificado.

Tauro ama la comida, el camino al corazón de Tauro pasa por su estómago, así que las relaciones más sensuales siempre incluirán una comida gourmet.

Horóscopo General de Tauro

Urano permanecerá en tu signo todo el año y se unirá a Júpiter comenzando el 2024. La combinación de Urano y Júpiter es fabulosa para desarrollar proyectos y aprovechar oportunidades que te beneficiaran de muchas formas.

El año comienza con muchas energías positivas en tu signo, y eso te hará sentir rejuvenecido. No obstante, ese entusiasmo también puede causarte impaciencia.

Te esforzarás para ser exitoso, pero puede haber meses en los que te sientas inquieto y estresado.

Las distracciones externas pueden interrumpir tu progreso laboral. En ocasiones te sentirás desmotivado y perderás interés en tu trabajo. También puedes sentirte confundido acerca de qué camino escoger.

Quizás te enfrentes a muchas situaciones este año 2024 en las que tus emociones y carácter sensible interfieran con tu habilidad para procesar información y esto nublará tus procesos de pensamientos mentales y afectará tu raciocinio.

Debes ser muy cuidadoso con las personas que interactúas en tu vida diaria. Trata de ser amable con ellos, pero no permitas personas tóxicas a tu lado.

Si deseas iniciar un nuevo negocio este año, lo mejor es hacerlo antes de abril. También cosecharás todos los beneficios de las relaciones con el extranjero en la primera mitad del año.

Después del 1 de mayo, Júpiter entrará en tu signo zodiacal y fortalecerá tu capacidad de toma de decisiones, dándote los resultados deseados en los negocios y haciéndote feliz de ver el progreso de los negocios. Este año, también puedes incorporar a tu pareja en tu negocio.

Este año, puedes vivir algunos momentos caóticos, no aceptes tu derrota, ni renuncies a tu confianza y valor. En algunos momentos te sentirías perdido y hasta excluido, da un paso atrás, analiza lo que está mal y luego continua.

Amor

Si tienes pareja te sentirás feliz en tu relación. No obstante, pueden existir algunas dudas o incidentes del pasado que pueden interrumpir tu felicidad.

Debes recordar tus experiencias pasadas, las que te han enseñado lecciones importantes si estas buscando pareja. Estas te ayudarán a guiarte por el camino correcto.

Debes cultivar la paciencia y la tolerancia en tus relaciones, esa será la única forma que experimentarás el amor verdadero. Las diferencias pueden pasar a un segundo plano si eres paciente en el amor.

Ocasionalmente, durante varios meses del año pueden existir momentos de incertidumbre en tu relación, pero estas situaciones mejorarán por sí solas.

Si estás buscando amor el mes de mayo te traerá buenas noticias. La influencia de Júpiter puede facilitar las propuestas. Puedes conocer y convertir la relación en un compromiso a largo plazo como el matrimonio.

Debes ser paciente con tu pareja mientras tomas decisiones relacionadas a sus vidas privadas y evitar interferencias de terceras personas.

Este año también está marcado por etapas donde habrá falta de intimidad sexual, y respuestas agresivas, lo que significa un desafío para la relación.

Esto puede significar que estás trabajando a nivel subconsciente en viejos problemas y bloqueos, tratando de fortalecer tus lazos emocionales para sentirte más cómodo en tus relaciones.

Durante los periodos de Luna llena las relaciones amorosas que están sólidas pueden fortalecerse, y las relaciones amorosas que no son seguras pueden fracasar.

Durante los periodos de Mercurio Retrógrado es posible que cualquier problema amoroso existente empeore.

Economía

Este año estarás enfocado en tu estabilidad y crecimiento profesional. Saturno en Acuario te empujará a adoptar un enfoque disciplinado y estratégico para tu profesión.

El año 2024 es favorable para que establezcas metas a largo plazo, perfecciones tus habilidades y construyas una estructura sólida para tu futuro porque Júpiter estará transitando por tu signo hasta finales de mayo del 2024.

El tránsito de Júpiter por tu signo te regalará muchas oportunidades a tu área profesional. Este transito te motivará a salir de tu zona de confort y explorar nuevos horizontes.

Plutón transitará por tu área de la profesión la mayor parte del 2024 y esto te hará esforzarte a tomar el control y empoderarte. Podrás ser visto como una fuerza profesionalmente y esto significa que tu capacidad para tener éxito es través de tu fuerza de voluntad. También puedes asumir más responsabilidades, pero es de esperar que puedas cumplir con ellas.

Vivirás un año excelente en cuanto a tu vida profesional. Habrá bendiciones en tu camino y el Universo te abrirá los brazos. Adquirirás nuevos conocimientos y explorarás diferentes opciones de cómo ganar dinero.

Tu economía mejorará, pero también existe la posibilidad de que aumenten tus gastos. Si no aprendes a controlar los gastos innecesarios, tu economía puede verse afectada.

Tus fuentes de ingresos económicos aumentarán este año y de forma general tu salud financiera será sólida desde el principio del año hasta mayo.

Obtendrás muchas ganancias de inversiones y tus esfuerzos en el trabajo serán efectivos para fortalecer tu posición financiera. Adoptarás medios digitales para llevar adelante tu negocio.

Tendrás la oportunidad de hacer algún proyecto asociándote con otras personas, pero debes ser muy cuidadoso con esta determinación. No tomes ninguna decisión apresuradamente porque pueden engañarte, la asociación puede romperse y el negocio fracasar.

Salud de Tauro

Tienes que ser cuidadoso con lo que comes. Es esencial que te apegues a un plan de nutrición recomendado por un profesional. No debes tomar medicamentos sin el consejo de un médico.

Debes hacer ejercicios regularmente, y evitar fumar o beber alcohol en exceso.

Debes tener cuidado con tu dentadura. Esas molestias que tienes no son naturales y es mejor que las atiendas visitando el dentista para que tu sonrisa siga brillando.

Tu salud mental necesitará atención. Quizás puedes estar físicamente fuerte, pero tu salud emocional y mental son también importantes.

Las mujeres Tauro pueden enfrentar problemas hormonales.

Las enfermedades virales pueden reaparecer dificultando tu vida, si fuera necesario busca asistencia médica inmediata.

Una buena relajación la obtendrás si practicas yoga y meditación.

Familia

Tu vida familiar será excelente este año. Todos los conflictos pendientes se resolverán y volverá la atmósfera de paz y felicidad en tu hogar.

El amor permanecerá entre los miembros de tu familia, habrá solidaridad.

Es probable que te mudes después del primer trimestre del año. Debes cuidar la salud de tus padres y respetarlos, si todavía viven. Con sus bendiciones, avanzarás en la vida.

Los solteros pueden comprometerse, y los casados fortalecerán sus vínculos durante este año. Los últimos tres meses del año debido a tu confianza, tus enemigos tratarán de hacerte daño y frenar la felicidad de tu familia, por lo que debes estar atento durante este tiempo.

Fechas Importantes

- ***27 enero Urano** completa su movimiento retrógrado en Tauro Urano te va a proponer formas inusuales para encontrar significado y sentido a tu vida.*

- ***19 abril el Sol entra en Tauro.** Es el momento para reducir la velocidad, consolidar tus* *horarios y pensar a que realmente deseas dedicar tu tiempo.*

- ***29 abril Venus entra en Tauro.*** *El lujo es bueno, pero en esta etapa lo que realmente importa es el placer. Trata de darte algunos gustos, y complacer algunos caprichos. Hay muchas cosas maravillosas que son gratis. Este tránsito de Venus te va a traer éxito en los asuntos legales.*

- ***7 de mayo, Luna nueva en Tauro,*** *este es el momento perfecto para un nuevo comienzo, buscar nuevas oportunidades y comenzar un camino diferente. Júpiter favorece cualquier nuevo negocio.*

- ***15 mayo Mercurio entra en Tauro.*** *Ta vas a poder comunicar de forma más práctica y tendrás más capacidad de concentración.*

- ***Marte en tu signo del 9 de junio al 20 de julio.*** *Cuando Marte transita por tu signo es un momento de mucha energía, y entusiasmo. Debes aprovechar las nuevas oportunidades y actuar rápidamente. Marte solo transita por un signo una vez cada dos años, así que aprovecha al* *máximo esta oportunidad. Te llegó la hora de comenzar un capítulo nuevo en tu vida.*

- ***Luna llena en tu signo el 14 de noviembre****. Esta Luna puede traer finales ya sea en las relaciones o éxito de alguna idea de negocios.*

Recibirás recompensas y te sentirás involucrado emocionalmente en lo que haces.

Géminis

Géminis, es un signo de aire que puede desenvolverse sin problemas entre sus amigos, fiestas y noches de rumba. Géminis está regido por Mercurio, el planeta de la comunicación, por lo que siempre puede encontrar temas interesantes para conversar

Géminis es un excelente anecdotista, y su energía dinámica y magnetismo atraen a las parejas románticas. Las personas celosas deben saber que Géminis nunca está solo, ya que siempre tiene fans y seguidores.

Como Géminis expresa sus emociones externamente, le encanta conversar. Esta autoexpresión es primordial para el mellizo mercurial, por lo que necesita que todas las líneas de comunicación estén abiertas, y dispuestas a recibir información, a su geminiano.

En realidad, no le importa cómo se transmiten sus ideas, la acción de compartir sus pensamientos es más importante que lo que dice. No hay nada que Géminis desprecie más que el ocio, él está siempre ocupado. No para de hacer tejemanejes con sus múltiples entretenimientos, inclinaciones, y obligaciones sociales.

Este signo de aire puede quejarse de estar sobrecargado de trabajo, pero cuando tu analizas su agenda diaria todas sus diligencias son opcionales, lo que demuestra que la agenda de Géminis no es más que el resultado de su dualidad exclusiva.

A Géminis le fascina compartir sus pensamientos e ideas, pero no sabe escuchar, se distrae con facilidad, así que es clave que te asegures que tu pareja Géminis te preste atención.

Si por casualidad ves que se aleja de la plática, no dudes en decírselo y recordarle que la comunicación es entre dos. No es fácil mantener el interés de Géminis, de hecho, él no sabe cómo mantenerse enfocado.

Este signo prácticamente ya lo ha visto todo y la mejor manera de mantener su mirada fija es mantenerlo en sus pies. Has los cambios necesarios, y no olvides que nunca debes comprometer tus valores o necesidades.

A medida que conozcas a Géminis, diviértete descubriendo tu propia multi - diversidad. La técnica de seducción que funciona con Géminis es hablar, y al ser el signo más polifacético, le encantará decirte sus aficiones e intereses.

Como es tan curioso, conversar con este signo es como como mirarse al espejo, ya que tiene la maravillosa habilidad de reflejar lo que tú le digas. Esto puede parecer un extraño, pero realmente es que es la naturaleza de este signo.

Salir con un Géminis es una experiencia estimulante, debes ser cuidadoso porque Géminis requiere una estimulación constante, lo que a veces dificulta conocerlo a nivel emocional profundamente.

Asegúrate de sacar tiempo para sentarte y charlar con tu compañero Géminis sin distracciones, y no temas recordarle que las recepciones placenteras no son nunca tiempo perdido.

Géminis adora el sexo, para él es otra forma de comunicación. Géminis posee un apetito sexual fuerte, y para excitarlo, basta con un par de comentarios perspicaces.

Cuando se trata de hablar sucio, Géminis escribió una enciclopedia, así que puedes excitarlo explicándole exactamente lo que te gusta hacer en la cama. De esta forma sentirá y analizará al mismo tiempo, una combinación que él es orgásmica.

Una de las particularidades de Géminis es la rapidez con la que puede recuperarse de los errores más devastadores. A diferencia de otros signos, él no se rige por su ego. Le gusta divertirse, así que no deja que su ego se interponga en su camino, por eso, cuando comete un error, nunca se pone a la defensiva.

Si Géminis tiene que ofrecer una disculpa lo hará inmediatamente.

Aunque esta cualidad es súper respetada, no es completamente generosa. Géminis espera que tú aceptes sus disculpas con la misma prisa. Géminis es más feliz cuando está ocupado, en cuanto su calendario se vuelve demasiado relajado, encuentra la forma de cambiar las cosas.

No es que le atemorice, lo que pasa es que no le gusta aburrirse.

Todo esto puede es un reto para las parejas de Géminis. Las relaciones estables requieren mucho cuidado, y Géminis no puede ofrecerlo con facilidad, por eso cuando está en pareja, necesita asegurarse de que está priorizando sus relaciones.

Como este signo de aire está dispuesto a probarlo todo al menos una vez, pero algunas veces dos, disfruta explorando diversos aspectos de su personalidad a través de sus relaciones románticas.

Aunque que no lo proyecte, Géminis busca a una pareja serena que equilibre su espacio íntimo o familiar, ya que para modificaciones ya tiene es suficientes con las suyas. Este signo de aire está constantemente buscando con quién puede mantener una buena relación, y por esa razón siempre está divagando.

Horóscopo General de Géminis

Este será un año excelente para Géminis. Júpiter, el planeta de la suerte y las oportunidades, se mueve hacia tu signo el 25 de mayo, y esto solamente sucede una vez cada 12 años.

Durante este tránsito de Júpiter lluvias de oportunidades llegarán a tu vida y te sentirás más optimista. Este es un nuevo comienzo, un nuevo camino, un nuevo viaje.

El año 2024 te traerá una suerte maravillosa, te inspirarás a hacer algo nuevo o lograr algo que has tenido la intención de hacer durante muchos años.

La suerte y tu esfuerzo establecerán tu nombre en tu área profesional y te crearas una nueva identidad en los negocios. Además, podrás completar un viejo negocio o proyecto que ha estado paralizado desde el año pasado.

Ganarás mucho dinero, pero para obtenerlo debes evitar hacer decisiones apresuradas y el deseo de construir un imperio de la noche a la mañana.

Si estás empleado, trabajarás más duro que el año pasado, pero esto te regalará nuevas oportunidades e incluso ofertas en nuevas compañías. En general, Júpiter se asegurará de que recibas las mejores oportunidades.

Después del mes de julio debes concentrarte, ya que Saturno retrógrado puede crearte algunas situaciones desafiantes y tensas. Durante ese período, tendrás que proceder con cautela, y planificarte cuidadosamente para evitar errores.

Durante el 2024 estarás muy feliz y satisfecho con tu pareja la mayoría del tiempo. Existirán algunos conflictos y malentendidos en tu relación después de la segunda mitad del año, y también será un período en el que las perspectivas de matrimonio no se materializarán.

Dale a tu pareja prioridad, debes hacer todos los esfuerzos.

Si estás soltero, conocerás a alguien, las posibilidades son más fuertes después de mayo. Quizás conozcas a tu futura pareja durante un viaje, crearás un vínculo con el tiempo que se convertirá en una amistad profunda, finalmente convirtiéndolo en una relación sentimental.

Dos Eclipses van a ocurrir en tu área del amor, uno Lunar el 25 de marzo y un Eclipse solar el 2 de octubre. El Eclipse Lunar te hará sentir más cerca de tus seres queridos con los que tienes una conexión saludable, y te alejarás de cualquier persona que sea toxica. Este puede ser el momento perfecto para trabajar en temas amorosos pendientes.

El Eclipse solar puede traer un nuevo amor a tu vida. Si eres soltero, te motivarás a salir y llamar la atención, mientras que si estás en una relación agregarás chispas de pasión.

Tu salud financiera mejorará en el 2024 y te beneficiarás de nuevas fuentes de ingresos. Puedes recibir ingresos adicionales de comisiones, mercado de valores, intereses bancarios o quien sabe si la lotería.

Si has soñado con comprarte una casa o vehículo nuevo se cumplirá este año y, si necesitaras un préstamo lo obtendrás fácilmente. Si te esfuerzas profesionalmente aumentará tu cuenta de banco.

Quizás te mudes o arregles tu casa, y este cambio puede traer contratiempos en la familia. Debes tener paciencia para superar estos problemas para que la felicidad regrese a tu vida familiar.

Mantendrás una buena salud durante todo el año, pero puede haber algunos problemas menores a mediados de año ya que te sentirás deprimido y cansado debido al estrés. Esto se puede manifestar con problemas digestivos debido a la falta de apetito y la inquietud provocada por los contratiempos.

Amor

Este año puede traer altibajos emocionales, debes recordar que es normal experimentar una variedad de emociones y tener cambios de humor de vez en cuando. Para sobrellevar tus emociones, es importante que encuentres formas saludables, como hablar con un amigo o familiar de confianza, practicar técnicas de relajación como la meditación, o buscar el apoyo de un terapista mental si fuera necesario. Debes cuidarte y buscar apoyo si es necesario.

Este año es excelente para aquellos Géminis que buscan establecer una relación. Si has pensado comprometerte, este es el año para perfecto hacerlo. Este año progresarás en tu vida amorosa.

Aunque estarás muy romántico y soñador durante este año, y tenderás a idealizar sobremanera a la persona que ames debes ser cuidadoso porque tus fantasías podrán no estar totalmente de acuerdo con la realidad y eso te llevará a sufrir decepciones en el futuro.

Trata de ser coherente, realista, y acepta a la otra persona tal como es. El amor durante este año tenderá a ser platónico.

De todos modos, este año será muy favorable para la convivencia y para todo tipo de asociación.

Economía

Este año será genial para ti en el área económica. Lograrás tu objetivo de cambiar de trabajo, y este nuevo comienzo te traerá muchas oportunidades.

Tu coraje será admirado por los demás, pero es importante que sepas elegir tus batallas sabiamente, ya que defender lo que crees a veces puede tener consecuencias negativas.

Los planetas te darán luz verde en cuestiones de dinero. Mercurio, tu planeta regente, te apoyará plenamente y se asegurará de que tengas tus cuentas de bancos llenas de dinero.

En mayo, Júpiter transita hacia tu signo, lo que tendrá un efecto beneficioso en tus finanzas y profesión, así como en tus relaciones.

Definitivamente tus recursos financieros crecerán y será un buen año para las inversiones a largo plazo.

Por supuesto que todo esto no te va a llegar sin esforzarte, tendrás que trabajar, ser disciplinado y continuar esforzándote durante el año.

Júpiter propiciará el establecimiento de nuevas conexiones con personas importantes y el fortalecimiento de tus vínculos sociales.

Familia

Estarás más involucrado emocionalmente con aquellos que consideras como familia. Tu deseas que tu hogar sea un santuario, un espacio seguro, y te esforzarás para eliminar los problemas de forma saludable.

Durante los periodos de Mercurio retrógrado en tu hogar se pueden romper algunos equipos electrodomésticos o tener algunos problemas con el agua. Esto no solo puede ser molesto, sino que traerá disputas familiares y lo más probable es que tu pagues la culpa. Se paciente porque lo más probable es que esos equipos necesiten un mantenimiento de rutina.

Muchos de tus familiares allegados te pedirán consejos con frecuencia durante este año y eso te hará sentir indispensable.

Sucederán algunos cambios sentimentales en tu núcleo familiar. Quizás tus hijos o hermanos te introduzcan a sus nuevas parejas y esto le dará una nueva dinámica a tu familiar. Serán cambios beneficiosos.

Volverás a retomar el contacto con personas que estabas distanciado, le darás segundas oportunidades y te darás cuenta de que no todo es lo que parece.

Salud de Géminis

Debes hacer un esfuerzo consciente y priorizar tu salud física, recuerda que la buena salud es un componente clave para el éxito en todas las áreas de tu vida. Debes hacer un plan para perder peso extra e incorporar ejercicios de forma regular, especialmente actividades al aire libre.

La forma en que te alimentas es importante, por eso debes prestar atención a tu dieta, aumentando el consumo de proteínas y limitando los carbohidratos para que puedas evitar el aumento de peso y los problemas digestivos.

Probablemente algunos Géminis se sentirán cansados ya que su sistema inmunológico estará débil. Tendrás etapas de bajos niveles de energía, pero eso mejorará y recuperarás tu vigor.

Si tienes algún problema de salud crónico, como diabetes o presión arterial, debes tener cuidado durante todo el año. No olvides que el bienestar empieza en tu casa. Animándote a eliminar los alimentos poco saludables de tu cocina y trata de abastecerte de alimentos orgánicos. Este es un buen periodo para empezar a preparar tus comidas en tu casa en lugar de comprar alimentos procesados. Si comienzas a comer de esta forma te vas a sentir cada vez mejor.

Fechas Importantes

- ***20 de mayo- El Sol entra en Géminis***

- ***23 de mayo- Venus entra en Géminis***

- ***25 de mayo el planeta Júpiter entra en tu signo.*** *Comienza un periodo de mucha acción, de nuevas perspectivas, de metas que pueden cumplirse.*

- ***03 de junio- Mercurio entra en Géminis***

- ***6 de junio Luna Nueva en tu signo.*** *Te llegan más oportunidades, asegúrate de aprovecharlas al máximo.*

- ***20 de Julio el planeta Marte transita hacia tu signo hasta el 4 de septiembre.*** *Marte en tu signo te va a llenar de energía y entusiasmo para que puedas cumplir todas tus metas y objetivos. Es una etapa perfecta para nuevos comienzos.*

- ***15 de diciembre Luna llena en tu signo.*** *Este será el momento en el que obtendrás los resultados de todo lo que has hecho hasta ahora.*

Cáncer

Cáncer es un signo de agua simbolizado por un cangrejo que camina entre el mar y su orilla, capacidad que también se refleja en su habilidad para fusionar los estados emocional y físico.

La intuición de Cáncer que procede de su parte emocional se manifiesta de forma tangible, y como la seguridad y la honestidad son primordiales para este signo, puede mostrarse al principio un poco frío y distante.

Cáncer revela su espíritu gentil poco a poco, y también su genuina compasión y habilidades psíquicas. Si eres afortunado y te ganas su confianza, descubrirás que, a pesar de su timidez inicial, le encanta compartir.

Para este amante, la pareja es realmente el mejor regalo y premia las relaciones con su lealtad indestructible, su responsabilidad y su soporte emocional. El tiende a ser bastante hogareño y su casa es un templo personal, un área en la que puede expresar su personalidad.

Con sus capacidades domésticas, el cangrejo también es un sublime anfitrión. No te sorprendas si a tu pareja Cáncer le gusta halagarte con comida casera porque no hay nada que le guste más que la comida natural.

Cáncer también se inquieta mucho por sus amigos y familiares, le encanta asumir papeles de guardián que le permitan crear enlaces apasionados con sus compañeros más cercanos.

Pero nunca olvides que cuando Cáncer invierte en alguien emocionalmente, corre el riesgo de borrar la línea entre el cuidado y el control.

Cáncer también tiene una naturaleza voluble como la Luna y propensión a la inestabilidad. Cáncer es el signo más huraño del zodíaco. Sus parejas deben aprender a apreciar sus variaciones emocionales, y por supuesto Cáncer también debe controlar su propia sensiblería.

Sus hábitos de defensa tienen un lado contrapuesto y cuando se siente provocado no dudará en ponerse a la defensiva. Cáncer debe recordar que los errores y peleas ocasionales no convierten a su pareja en su enemigo. Además, debe esforzarse enérgicamente para estar presente en sus relaciones.

Como signo emocional e introspectivo, es fácil que se encierre en sí mismo la mayoría de las veces y si no se mantiene presente en una relación, la próxima vez que salga de su caparazón, es posible que su pareja ya no esté a su lado.

Cáncer sabe escuchar, y una vez que sale de su carapacho, es una esponja emocional. Tu pareja Cáncer absorberá tus emociones, lo que a veces puede ser un apoyo, pero otras veces puede resultar asfixiante.

No es fácil saber si Cáncer está imitando o realmente empatiza contigo, pero como está tan interconectado con su pareja, no hay diferencia.

Si el respaldo emocional de Cáncer está entorpeciendo tu personalidad, es mejor dejarlo ir. Este signo tan sensible se siente fácilmente desafiado incluso por la opinión más sutil, y aunque él evita el conflicto directo caminando en ángulos, también puede usar sus muelas.

Este característico comportamiento despreocupado y provocador es de esperar, y es raro salir con Cáncer sin probar su característico mal carácter al menos una vez.

Debido a la sensibilidad de Cáncer, no es fácil discutir con él, pero con el tiempo aprenderás qué palabras decir, y quizás lo que es más importante, qué debes evitar. Se consciente de lo que le molesta a tu pareja, y con el tiempo, será más fácil mantener diálogos difíciles.

Es importante saber cómo funciona esta criatura mágica en sus mejores y peores momentos. En última instancia, lo más importante es recordar es que Cáncer nunca es tan indiferente como luce.

Lo más difícil con Cáncer es traspasar su superficie dura y rígida. Por esta razón, la tolerancia es clave a la hora de coquetear con Cáncer. Mantén un ritmo lento y constante, y con el tiempo te ganarás la confianza necesaria para revelar tu verdadero yo.

Por supuesto, esto puede ser un proceso largo y complicado, y el más mínimo error puede poner a Cáncer a la defensiva, por lo que dos pasos hacia adelante pueden transformarse en uno hacia atrás. No te desanimes, no es personal, es sólo la fisiología de un cangrejo.

Cáncer puede tener sexo casual, pero este dulce signo de agua prefiere las relaciones que tengan intimidad emocional.

Recuerda que Cáncer necesita estar completamente cómodo antes de salir de su carapacho, y esto es especialmente importante cuando se trata de sexualidad. Para el cangrejo, la confianza se alimenta de la proximidad física.

Puedes empezar a cultivar una relación sexual con Cáncer integrando poco a poco, teniendo en cuenta su ritmo, y las caricias. Esto permitirá a Cáncer sentirse más cómodo con la fusión de la expresión emocional y física, asegurándose de que se siente protegido antes de empezar a hacer el amor.

Aunque Cáncer es paciente y tiende a ser extremadamente leal, como necesita sentirse protegido, y comprendido por su pareja, puede buscar intimidad en otra persona si siente que estas exigencias no están cubiertas.

Cáncer puede ser muy malicioso, por lo que cualquier relación secreta será calculada, y un cangrejo extraviado hará necesario para llevarse sus trastadas al sepulcro, tomará medidas extras para prevenir que la encuentro no se descubra sepultando las pruebas en la orilla del mar.

De hecho, incluso el cangrejo más fiel tendrá secretos, pero eso no significa que sean malos o maléficos.

Todo el mundo merece mantener ciertas cosas en privado, además, un poco de misterio le dará un toque a la relación.

A Cáncer no le resulta fácil establecer una relación seria y comprometida, y cuando se siente seguro no querrá que se rompa.

Cáncer tiende a permanecer en las relaciones incluso después de que las chispas han perecido porque simplemente, Cáncer es un sentimental de corazón. Pero, por supuesto, no todas las relaciones están predestinadas a durar para siempre.

Este signo de agua no pretende ser vengativo, pero cuando le rompen el corazón, sabe cómo poner límites.

Borrar tu número del teléfono, bloquearte y dejar de seguirte en las redes sociales, le permiten protegerse del dolor durante un rompimiento. Así que, si tu relación con Cáncer llega a su fin, espera recibir una lista minuciosa de normas.

Cáncer puede ser idealista, y este signo de agua busca sin duda su transcripción de un romance. Sin embargo, interactúa de forma disímil con cada signo del zodiaco.

Horóscopo General de Cáncer

Este es un año fabuloso para nuevos comienzos, nuevos negocios y proyectos. Lo que comiences ahora será el enfoque para los próximos 5 años de tu vida. Comienza este 2024 con energía, entusiasmo y emoción.

Marca un año de relación poderosa entre tu personalidad y tu vida profesional, teniendo suma importancia dicha interacción.

Deseas alcanzar un puesto que posea cierta notoriedad, y ser admirado por tu trabajo personal. El éxito llega en mayor o menor medida durante este año, aunque puedes considerarlo insuficiente debido a tu fuerte ambición.

En el círculo en que te desenvuelvas será evidente tu presencia, aunque los demás te exigirán responsabilidad.

En general, esta época promete éxito profesional, y encontrarás siempre el crédito y las protecciones necesarias para conseguirlo.

Se van a destacar tus negocios o tus asuntos profesionales. También es posible que jueguen un papel importante las relaciones con personas situadas en puestos de autoridad, así como con tus padres; aunque tal vez aparezca un problema serio que tengas que resolver.

Conviene que desarrolles cierta prudencia en los posibles conflictos en el ámbito profesional o de negocios.

No obstante, es un buen momento para concentrarte en tus objetivos y mejorar la imagen que proyectas al mundo exterior.

Es un año en el que vas a buscar constantemente nuevas experiencias, pero es probable que tu afán por la acción y el cambio oculte un miedo a establecer vínculos duraderos.

Te resultará difícil reconocer el lado femenino de tu naturaleza y aceptar la responsabilidad por el bienestar de otra persona. Este año huirás de los compromisos, porque no quieres sentirte atado emocionalmente.

Los demás admirarán tu espíritu emprendedor y apreciarán que no escatimas responsabilidades, especialmente cuando alguna de tus arriesgadas acciones no salga bien.

Es un año en el que te vas a convertir en un luchador que no abandona fácilmente, y, si fuera necesario, seguirás tu camino en solitario.

Tu lado emocional estará más sensibilizado de lo habitual, y rebosarás de ternura hacia todos los que te rodean. Especialmente tus hijos (si los tienes) se beneficiarán de tu especial predisposición a escucharlos y a mostrarte más receptivo a sus necesidades, así como más cariñoso y comprensible.

Debido a que aprecias ahora más que nunca el lado hermoso de la vida, podrías usar esta disposición para la expresión creativa, actos sociales y actividades comerciales. Y probablemente inicies alguna relación sentimental, o cambie de forma y sentimientos la actual.

Puedes desplazarte más frecuentemente a tus lugares habituales de diversión.

Asimismo, algún familiar podría proporcionarte ingresos o ayudas de tipo económico.

En cuanto a tu salud se refiere, va a ser una época en la que vas a quedar muy expuesto a los resfriados y a las irritaciones; no estaría de más que vigilases tus vías respiratorias y los riñones.

Durante los periodos de Mercurio retrógrado considera las cosas, o personas a las que deseas darle una segunda oportunidad en lugar de comenzar algo nuevo. Si se trata de algo nuevo, es posible que tengas que hacerlo de una forma poco convencional.

Te encontrarás con personas que están inclinadas hacia la espiritualidad y que moldearán tu personalidad. Este es un buen momento para tu despertar espiritual.

Si no tienes pareja, recuerda que las oportunidades no se repiten. Si te interesa una persona debes acercarte a ella y decirle lo que sientes sin pensarlo dos veces. Ese pequeño acto de coraje va a significar toda la diferencia, el comienzo de una historia de amor.

Amor

Este puede ser un tema fuerte en el 2024. Cualquier cosa buena que desees en el amor puede ser posible después de mayo.

Una desintoxicación planetaria ha estado sucediendo en tu vida amorosa, y en tu vida en general. Esto no ha sido una experiencia agradable. Todas las experiencias amorosas que has estado teniendo son de naturaleza desintoxicante.

Este año darás un paso de avance en tu vida amorosa y le darás nueva fuerza a tu relación. Como resultado tu relación será más fuerte que antes, y la confianza mutua entre ustedes dos aumentará.

Durante este año comprenderás los sentimientos de tu pareja y le darás importancia a sus puntos de vista. No intentes imponer tus pensamientos de lo contrario, la tensión puede surgir en tu vida amorosa.

Es posible que tengas que enfrentar chismes innecesarios por eso debes ser muy discreto con tu vida privada.

Habrá momentos en los que te gustaría romper con tu pareja. Todo esto lo puedes controlar, o evitar, si tienes cuidado con las cosas importantes en tu vida amorosa.

Los solteros tendrán muchas oportunidades de comenzar relaciones amorosas durante los tres primeros meses del año. Durante el segundo trimestre, habrá relaciones fugaces.

Estás llegando gradualmente al final de una lenta transformación. Debes seguir dando pasos lentos, pero continuos hacia adelante. Debes actuar con más seriedad en tus relaciones, y eso no significa que tengas que poner a un lado la diversión.

Debes comprometerte más en tu relación ya que prácticamente estas llevando una vida de soltero, pero disfrutas de los beneficios de la existencia de dos. Tienes que aprender a tomar decisiones con tu pareja.

Es posible que te sientas algo inseguro a partir de marzo, pero no será nada que una escapada familiar no pueda solucionar.

Durante los periodos de Luna llena te tomarás el amor más en serio y te esforzarás para acercarte más a aquellos con quienes tienes una conexión sólida.

Vivirán algunos meses con cierta incertidumbre. Comenzarán una relación que al principio se basará solamente en el sexo, sin embargo, te vas a involucrar emocionalmente y confesarás que te estás enamorando.

Durante este año tus relaciones personales se convierten en el foco de atención. Necesitas el contacto con la gente, y te preocupará la impresión que tienen de ti. Es hora de examinar tu comportamiento en relación con otras personas, especialmente con tu pareja, y contemplar posibles ajustes y rectificaciones.

Puede que más que nunca te des cuenta de que necesitas la cooperación de otros para realizar tus objetivos y que el mejor camino para encontrar el sentido de tu vida, individualidad y poder se halla en las asociaciones y las relaciones.

Participar en actividades conjuntas plantea problemas que te permitirán definir con mayor claridad quién eres.

Tu identidad se configurará y consolidará con los altibajos y las complicaciones con que tropieces en el intento de establecer alianzas vitales, y sinceras.

Economía

Este año trae mucha energía positiva para las negociaciones en las que has estado trabajando, especialmente en las situaciones en las que necesites discutir temas importantes.

Existe la posibilidad que ocupes una nueva posición que te permitirá mostrar tus talentos. Si tienes presencia en las redes sociales, asegúrate de mantenerla actualizada.

No pierdas tiempo y planifícate. Si manejas tu propio negocio es hora de que salgas de la rutina.

Si has estado sin trabajo y buscando empleo, tu suerte mejora, especialmente si tienes experiencia o habilidades específicas.

Podrías ganar mucho dinero en negocios independientes que podrían beneficiarte en el futuro. Si trabajas por tu cuenta, también vas a ver resultados espectaculares.

Vivirás algunos momentos difíciles en lo económico durante el año, pero serán leves. Quienes deseen explotar mucho más sus talentos tendrán la posibilidad de hacerlo. Si no necesitas hacer gastos fuertes, no los hagas, y tampoco será bueno que pidas dinero prestado. Tienes que comenzar a ahorrar mucho más, ya que se trata de un año complicado.

El arte de hacer dinero consiste, sobre todo, en aprovechar las oportunidades. Debes ponerles freno a todos esos afanes sin sentido, ni orden, y planificar una mejor estrategia para ganar dinero. Sino defines tus metas no podrás llegar al éxito.

Aprendiste muchas lecciones con respecto a las finanzas durante el 2023. Este nuevo año debido a todos esos conocimientos, cuando tengas que tomar una decisión, dejarás la impulsividad de lado y recurrirás a la paciencia y tolerancia. Todos tus negocios te reportarán beneficios.

Recibirás propuestas que te permitirán escoger entre diferentes opciones beneficiosas para crecer en tu área profesional. Debes analizar cuidadosamente todos los detalles para que tu decisión final sea la que más beneficios te reporte.

No permitas que tus errores se acumulen sin darte cuenta debido a tu exceso de pasividad, si esto sucede la situación se puede tornar crítica.

Es el año para despertar y actuar. Todas las decisiones que hacen falta que hagas están dentro de tus capacidades.

Tienes la capacidad de cambiar tu futuro, dale rienda suelta a tu imaginación. Debes comenzar a idear proyectos que puedan generarte ingresos extras, y una nueva forma de trabajar.

Los periodos retrógrados de Mercurio impactarán tu área profesional. Esto puede significar que, si no te gusta lo que haces harás un cambio profesional. El momento donde sentirás esta energía más fuerte es cuando suceda el Eclipse solar del 8 de abril en tu esfera de la profesión.

Familia

Esta es un área importante para ti. En general, muestra una mudanza a un lugar más grande y espacioso, o renovación del que tienes.

El embarazo no sería una sorpresa, sobre todo si has estado tratando.

Tu compasión natural se pondrá de manifiesto a través de acciones dirigidas a aquellas personas de tu círculo familiar que han perdido el rumbo y necesiten ayuda.

Desde un lugar más comprensivo, tratarás de cumplir tu rol familiar, pero lo harás sin juzgar, con una mente más abierta, y esto hará que los miembros de tu familia se refugien en ti y busquen tu opinión para resolver los asuntos familiares.

Tu energía vital y tu voluntad a mitad de año parecen estar en conflicto con tu lado emocional, y quizá tengas la impresión de que las circunstancias están contra ti, ya que percibes una falta de apoyo y afecto en los que te rodean. Incluso puede haber algún intercambio tenso con un familiar querido. Pero no te preocupes, esto pasará rápidamente sin tener consecuencias sustanciales. Ser paciente y flexible te ayudará.

Salud de Cáncer

Recuerda que el problema de salud más común cuando comienza el año se llama estrés. Tener que lidiar con todas las deudas que tenemos debido a los gastos de fin de año puede ser abrumador. Por eso es importante que seas realista y tengas paciencia.

Es el momento perfecto para que pruebes cosas como la meditación, y mejores la calidad de tu sueño, ya que todo esto tendrá muchos beneficios para tu salud mental.

Recuerda pensar positivo y ser optimista ya que las emociones positivas mejoran el flujo energético.

Puedes padecer de alergias durante este año. No dejes de hacer cambios saludables en tu alimentación. Debes complementar tu nutrición con suplementos o vitaminas que refuercen tu inmunidad.

De forma general tus problemas de salud pueden estar relacionados con los nervios, con un exceso de preocupaciones y con un descanso insuficiente.

Posiblemente sientas la necesidad de purificar tus hábitos y volverte más regulado y serio. Aprovecha este año para hacer algo por tu salud mediante el deporte, una alimentación sana y ejercicios de yoga.

Fechas Importantes

- ***06/17 Venus entra a Cáncer.*** *Durante este transito aumenta tu deseo de seguridad emocional y estabilidad. Podrás expresar amor y afecto a través de actos de bondad, buscando consuelo en entornos seguros. Este es un momento para fortalecer los lazos en las relaciones existentes y explorar experiencias emocionales compartidas.*

- ***06/17 Mercurio entra a Cáncer.*** *Este tránsito indica cambios inesperados en el trabajo. Se te pedirá que hagas movimientos prácticos para tu progreso personal, equilibres tus ingresos y mantengas la fluidez en tus relaciones personales.*

  Tu área profesional tendrá fluctuaciones con efectos negativos, ya que no podrás utilizar las oportunidades al máximo de tu potencial debido a un cambio repentino en la ubicación del trabajo.

- ***06/20 Sol entra en Cáncer***

- ***07/5 Luna nueva en Cáncer****. Las Lunas nuevas son tradicionalmente momentos para nuevos comienzos. Lo que comienzas puede ser el enfoque para los próximos 6 meses de tu vida.*

- ***09/ 4 al 11/3 Marte transita a Cáncer****. El planeta Marte en tu signo generalmente trae mucha energía e impulso para nuevos comienzos y proyectos. Esto puede ayudarte a saltar a un nuevo proyecto en el que te embarcarás durante los próximos 2 años de tu vida.*

Leo

Simbolizado por el león, este signo no te dejará olvidarte de él. Aunque su carácter es alegre, también tiene una aspereza feroz que acompaña con su aullido.

Todo lo que hace Leo es trágico y cuando se enoja, es mejor alejarse de su camino. Es un signo fijo, muy firme en sus ideas, constante en sus propósitos y obstinado su forma de actuar.

Leo es un cómplice diligente que pone su corazón en cada relación. Por supuesto, también puede ser increíblemente intransigente, pero la terquedad es siempre un destello de su honestidad.

Leo es inspirado por el drama, pero también es profundamente sensible, Leo es sin duda el más emocional de todos los signos de fuego, y se siente herido fácilmente por lo que su pareja deberá saber cómo nutrir a este tierno espécimen.

La lealtad es muy importante para Leo, así que cuando entres en su dominio, te pedirá amor absoluto.

Cuando este signo se sienta lastimado, es mejor no darle consejos, Leo busca alivio, no recordatorios, y por ello se sentirá traicionado por su pareja si empiezas a dar tu opinión sobre cualquier situación.

Leo te llevará al borde porque le encanta que lo desafíen, desde niño sabe que es de la realeza zodiacal e incluso el león más prudente tendrá una postura regia.

Este signo nunca se cansa de recibir aplausos. Cenas opulentas, fiestas exclusivas y ropa de diseñadores lo hacen sentirse querido.
Cuando lo busques, ten en cuenta que no es fácil seguirle la rima. En ocasiones puede ser difícil salir con un signo tan riguroso. Pero al final merece la pena.

Una vez que reserves tu lugar en el corazón de Leo, definitivamente no querrás renunciar al trono. A Leo no le importa que su pareja tenga ego, al contrario, el león quiere que su pareja sea vanidosa y muy segura de sí misma.

Leo no busca un ególatra, pero esta criatura intrépida debe cerciorarse de que su pareja sabe llevar la corona con dignidad.

Leo valora el concepto de una pareja como una extensión de sí mismo. Como este signo de fuego es conocido por su valentía en todo, desde sus empresas creativas, hasta sus romances al estilo de Hollywood, es importante que coincida con alguien que sepa textualmente lo que busca.

Cuando se trata de sexualidad, el ardiente Leo también puede brillar en la cama.

La mayor excitación sexual del león es sentirse apetecido. Le hechiza la seducción, y el afecto debe exponerse a través de citas ostentosas y expresiones románticas grandiosas.

Este signo aúlla ante la idea de ser codiciado, fundamentalmente cuando ese ardiente deseo se traduce en un amor apasionado.

Este ardiente león siempre se está enamorando, le gusta que sus romances sean tan grandes como su personalidad, y nada le hace aullar más fuerte como la adoración desvergonzada.

Necesita ser el centro de atención y, por eso, puede que le seduzcan los romances peligrosos.
A Leo no le resulta fácil oponerse los elogios, por eso gravita hacia las felicitaciones.

Si el drama se termina antes de tiempo y Leo es abandonado, es otro cuento. Al principio, su reacción suele ser de conmoción y después de esta fase, experimenta una ansiedad devastadora enseñando su sufrimiento.

Aunque las cosas se pongan graves, el león es una criatura invulnerable que hallará el camino de vuelta a la luz porque Leo es alegre e intrépido, negándose a aceptar el fracaso.
Leo siempre busca una pareja que estimule su espíritu porque al final el odia el aburrimiento.

Horóscopo General de Leo

2024 trae energías de segundas oportunidades para los Leo, así que considera lo que esto podría significar para ti.

Puede haber grandes cambios en tus relaciones, la forma en que las abordas y las manejas, las personas que atraes y lo que quieres y necesitas en tus relaciones personales.

Los Eclipses Lunares traen un enfoque intenso en lo que necesitas transformar para mejorar tus relaciones. Es posible que tengas que lidiar con algo de lo que has huido durante algún tiempo, y esto puede ser molesto, pero en última instancia te ayudará a avanzar.

Puedes sentirte más ambicioso y esforzarte por alcanzar el triunfo. Alcanzarás algún tipo de éxito que ha tardado años en producirse.

Te sentirás emocionado con el trabajo que estás haciendo, y si te falta pasión por él, este año puedes concentrarte en tratar de encontrar un nuevo trabajo.

Las Lunas nuevas te darán la oportunidad de buscar un nuevo trabajo, si eso es lo que deseas, y puedes comenzar nuevos proyectos y concentrarte en lo que te entusiasma hacer.

Es probable que necesites hacer algunos cambios importantes, pero debes ser inteligente al respecto. Si amas lo que haces, puedes hacer grandes avances y triunfar. Pueden surgir oportunidades que te ayudarán a invertir, y encontrarás formas creativas para sentirte más seguro en la manera que inviertes tu dinero.

Debes proteger tu salud, no intentes hacer todo a la vez. Trata los asuntos a medida que surjan.

Los momentos en los que te encontrarás cara a cara con desafíos fuertes son el comienzo del año y los meses del verano.

Amor

Plutón ha estado en tu área del amor durante más de una década, por lo que has estado más serio e intenso en el amor y lo tomas mucho más en serio. Lo que el amor es, y significa para ti, ha sufrido una transformación, pero ahora te sientes más alineado con lo que es verdad para ti. Ya sabes lo que realmente quieres y necesitas en una relación y si te comprometes estás dispuesto a dar.

Durante los periodos de Mercurio retrógrado los problemas existentes en tus relaciones amorosas se acrecentarán y esto puede hacer que te sientas frustrado e impaciente con los demás, pero necesitas trabajar en todos estos problemas y mejorar.

Este año puede ser un buen momento para reavivar las llamas de una relación existente o reconectarte con un viejo amor, especialmente con las Lunas nuevas que te pueden brindar oportunidades para hacerlo. De todos modos, debes tratar de nutrir tus conexiones con los demás y darles apoyo.

Saturno y Neptuno estarán en tu sector de intimidad todo el año, y por esa razón tener una conexión espiritual es importante para ti con aquellos con los que estás más cerca. Estarás más firme y realista al tratar con tus vínculos emocionales con los demás.

Puedes concentrarte en viejos problemas y traumas que se ha interpuesto en el camino de estos lazos de manera saludable, y aprender lecciones sobre el pasado que te ayuden a crear mejores vínculos en el futuro.

Para algunos Leo, el amor podría conducir al matrimonio. Si eres un Leo soltero, prepárate para encontrar tu verdadero amor. Pero ten cuidado, no debes confiar en todos porque algunas personas que podrían tratar de aprovecharse de tu bondad.

Los Leo casados verán felicidad y crecimiento en sus familias. Para mantener a tu pareja feliz enfócate en su bienestar. Este año, escribirás recuerdos increíbles con tu pareja. Tu amor crecerá más fuerte, alcanzando nuevas horizontes.

Los malentendidos pueden surgir de vez en cuando, por eso durante los tiempos difíciles, es importante que seas paciente. Recuerda respetar las decisiones de tu pareja y no forzar tus opiniones. Con paciencia, mantendrás tu relación fuerte y feliz.

Algunos Leo podrían reconectarse con un amor del pasado, así que mantengan su corazón abierto. Podrán aclarar viejos malentendidos y disfrutar del amor.

Apreciarás cada momento, y tus relaciones familiares se fortalecerán con amor, y comprensión.

Economía

Urano se une a Júpiter hasta el 25 de mayo en tu área del dinero. Este combo es fabuloso para hacer progresos repentinos y experimentar el éxito de manera rápida, inesperada y poco convencional. Puedes abordar tus objetivos y planes a largo plazo de una nueva forma, y esto te abrirá más puertas.

El 2024 será una mezcla de ganancias y pérdidas. Tu arduo trabajo te aportará dinero, pero la familia y otros problemas te van a causar inestabilidad financiera. Trata de ahorrar dinero para cuando se presenten situaciones difíciles. Gastar sabiamente puede ahorrarte algunos dolores de cabeza.

La primera mitad del año tendrás una mezcla de tiempos buenos y desafiantes ya que tus gastos aumentarán, pero también ganarás más dinero. Si no controlas tus gastos, podrías enfrentar problemas financieros.

De todos modos, gracias a Júpiter, si te lo propones, podrás ahorrar dinero ya que te llegarán recursos de diferentes fuentes y podrás comprarte una casa, si eso es algo que has venido deseando.

Sino tienes seguro médico los costos de atención médica pueden dañar tu economía. Por eso debes vigilar tus gastos y ser inteligente con tu dinero. Recuerda tomar decisiones financieras sabias.

Familia

Estarás enfocado en los asuntos de tu hogar y la familia. Trabajarás para terminar proyectos en tu casa, y esto te ayudará a sentirte más cómodo, estable y seguro emocionalmente.

Durante los periodos de Luna llena los problemas familiares pueden salir a flote, es importante abordarlos y resolverlos.

El entorno familiar será muy tranquilo y armonioso de forma general durante el año. Cualquier problema que surja se resolverá de forma amistosa. Pueden existir problemas de salud con los miembros adultos de la familia que requieran atención médica.

Las obligaciones profesionales quizás te alejen de los miembros de tu familia, pero habrá celebraciones y adición de nuevos miembros a la familia.

Pueden suceder rupturas ocasionales con tu pareja debido a desavenencias familiares. Se muy cuidadoso al tratar con tus hermanos, ya que pueden tener problemas legales debido a herencias o legados. No actúes apresuradamente.

Quizás logres establecer en una relación estable si eres soltero, en general existen numerosas oportunidades de mejorar tus relaciones amorosas.

Salud de Leo

Este año tendrás una salud fantástica. Te sentirás enérgico, feliz y fuerte, tanto en cuerpo como en mente y alma. Ser mentalmente fuerte es importante, y por suerte comenzarás el año con una mentalidad bien fuerte.

Sentirte saludable te ayudará a tener éxito en tu trabajo.

Estarás saludable y libre de enfermedades. Si tiene algún problema de salud crónico, este podría ser el año para superarlo.

Para mantenerte sano, intenta agregar la meditación y ejercicios a tu rutina diaria. No olvides que mantener tu mente tranquila y libre de estrés es clave para mantenerse saludable.

El descanso es importante para una buena salud, debes beber mucha agua y exponerte a la luz solar para obtener vitamina D.

Los Leo adultos podrían tener dolores en las rodilla o en las articulaciones, específicamente durante la temporada de invierno.

Cambia tus hábitos alimenticios para una mejor salud. Se cuidadoso con los accidentes y lesiones, especialmente al conducir o practicar deportes.

Fechas Importantes

25 de marzo *- Eclipse Lunar en Leo (Luna Llena)*

Este Eclipse le pondrá fin a las actitudes que te hacen daño. Debes tratar de ponerle límites a las personas que se han atravesado en tu vida. Existe la posibilidad de que termines una relación tóxica, y será para tu bien.

2 de julio *- Mercurio entra en Leo.*

11 de julio *- Venus entra en Leo. Este tránsito impactará en tus relaciones sentimentales y en la forma en que te relacionas con los demás. También puedes volverte ms dramático y exigente en las relaciones, por lo que debes tener mucho cuidado.*

22 de julio*- El Sol entra en Leo. Feliz Retorno del Sol.*

08/04/2024 Luna Nueva en Leo. *Durante este período estarás entusiasmado, emocionado y listo para la acción. Las oportunidades pueden venir en tu camino. Debes tomar iniciativas e ir por lo que quieres, y hacer que las cosas sucedan. Esta Luna nueva llega unos días antes de que Mercurio retrógrado en tu* *signo, por lo que puede estar más enfocada en una segunda oportunidad.*

8/14/2024 al 8/28/2024 Mercurio retrógrado en Leo *(después de comenzar en Virgo). Esto puede provocar muchos malentendidos, falta de concentración, y puedes sentir que pequeñas cosas siguen apareciendo y exigiendo su atención. Puedes estar disperso, ansioso y estresado. Trata de tener algunas estrategias saludables para manejar el estrés antes de que comience el retrógrado para que puedas manejarlo bien y sea fácil.*

04 de noviembre*- Marte entra en Leo. Marte en tu signo es tradicionalmente un momento de gran energía y entusiasmo por nuevos comienzos y negocios. Estarás entusiasmado con las oportunidades que tienes. Aprovecha esto temprano porque Marte va a estar retrógrado a partir del 6 de diciembre en tu signo, y termina el año retrógrado en Leo. Esto puede amplificar tus frustraciones, y molestias, algo que te puede irritar fácilmente y hacerte explotar. Puedes tener pequeños accidentes como resultado.*

18 de noviembre de 19*- Lluvia de meteoritos Leónidas en Leo. Las lluvias de meteoros representan momentos de transición. Es una oportunidad excelente para mostrarte al mundo cómo quieres ser visto. Podrías planificar un viaje o retomar amistades del pasado.*

Virgo

Virgo, es un signo de tierra representado por la diosa de la agricultura. Virgo es hábil y metódico, minucioso, y busca mejorarse a sí mismo, lo que la convierte en una de las mejores parejas del zodíaco. Virgo es un estudioso, y las palabras e ideas inspiradoras son afrodisíacos para este signo de tierra.

Virgo suele ser un voraz lector, aficionado al cine o a la música. Como signo mutable, también es abierto de mente, un atributo que a menudo se manifiesta en sus gustos exquisitos.

Virgo aprecia el arte que se incluye en muchas categorías, y le encanta estar al tanto de nuevos autores. Virgo se basa en la lógica y la organización, cuando se trata de asuntos del corazón, y este signo caprichoso busca una pareja que se acople con su día a día.

Virgo utiliza una base de datos para crear una representación completa de su pareja, todas las personas de su vida, y sus costumbres, se acumulan en un registro mental, con sus hábitos, y aversiones. Virgo adora ayudar a través de su apoyo y practicidad, y este signo de tierra siempre persevera por ofrecer soluciones viables a conflictos.

El deseo de excelencia de Virgo puede descargarse sobre los que lo rodean, y sus análisis pasan de ser reflexivos y sutiles a excesivamente críticos.

Para mantener relaciones sanas, Virgo no debe enjuiciar y debe permitir que sus seres queridos caminen con sus zapatos.

Algo muy importante que Virgo debe tener en mente es que la búsqueda continua de la perfección puede llegar a ser destructiva.

Cuando se trata de sexualidad, este signo tiene una energía lozana, pero es ingenuo. Regido por Mercurio, su sexualidad es de naturaleza indagadora; se fija en casi todos los aspectos del sexo, incluido el físico de su pareja.

Siempre hay belleza en el desperfecto, por lo que es importante que Virgo reconozca que lo que supone un defecto puede ser una utilidad, más que un defecto.

Este signo intelectual se excita mucho con el humor y las conversaciones inteligentes. En teoría, Virgo sería un novelista romántico increíble, pero si tu amante Virgo no es Nicholas Sparks o Corin Tellado, es probable que lo muestre de forma abreviada.

No te sorprendas si tu amante Virgo es bastante retraído en el dormitorio, al menos al principio.

Virgo es una persona de rutinas, hasta que logre desarrollar un diálogo, será un amante espectador que estará muy atento a lo que sucede en la cama.

Eso no significa que no sea depravado, de hecho, a Virgo le encanta ser apasionado en el dormitorio, En un entorno seguro, Virgo querrá practicar un sexo regular que le permita sondear todas sus inclinaciones. Pero no intentes algo de improviso, los cambios bruscos de movimiento o de roles lo desorientarán.

Virgo ama ser servicial y utilizar sus habilidades siempre que puede, por eso es proclive es propenso a ser una esponja para los problemas de los demás. La mejor manera de luchar contra esto es mantener las cosas simples.

Aunque tu pareja Virgo es apasionada, no la conviertas en el vigilante de todas tus contrariedades. Si descargas todo tu estrés en Virgo, se sentirá agobiado. Considera buscar a tus amigos para tus frustraciones.

Para tener una relación duradera con Virgo, es importante que sepas que será confiable, pero también necesitará contar contigo especialmente cuando se equivoque.

No se te ocurra criticar a Virgo, puede parecer irónico, pero Virgo detesta que le llamen la atención por su conducta. Esto le facultará venir a ti en busca de ayuda, consolidando de la relación.

Como Virgo se esfuerza por alcanzar un ideal imposible en el amor, cuando la utopía de la perfección se disipe, Virgo renunciará por completo a la relación, sin informar a su pareja.

No pretende ser indecente, estrictamente odia desilusionar a la gente y, por lo tanto, querrá dejar la relación sin tener una discusión dificultosa. En otras palabras, a Virgo le gusta desaparecer sin dejar huellas.

Si logras contactas con tu pareja Virgo antes de que ella llegue a otros brazos, se excusará, y tratará de apaciguar la tensión asumiendo toda la carga.

Cuando una ruptura sucede sorpresivamente, le cuesta mucho dejar ir, reproducirá mentalmente cada detalle de la relación una y otra vez en un intento de descubrir el momento clave en el que las cosas dieron un giro de 180 grados.

Virgo no siempre es blanco o negro, de hecho, es una criatura muy compleja y si encuentra suficiente información para concluir que su relación actual es imperfecta está dispuesto a buscar una relación satisfactoria en otra parte.

Horóscopo General de Virgo

Virgo este será un año de grandes oportunidades para ti en todas las áreas de tu vida. Por supuesto que también tendrás algunos desafíos que pueden influenciar significativamente tu profesión y también tus relaciones.

Es recomendable que persigas tus objetivos y mantengas el equilibrio en todo ya que probablemente tendrás que posponer algunos planes. Pueden surgir algunos contratiempos por tu falta de energía, por eso debes controlar tus emociones y eliminar tus pensamientos negativos.

Si te enfocas puedes resolver todos tus problemas sin ningún problema, y tener éxito. Para que esto suceda tienes que eliminar la indecisión y separarte de los puntos de vista obsoletos.

En algunos momentos del año te veras obligado a recurrir a trucos diplomáticos para evitar conflictos con los demás, específicamente en el área del trabajo.

Unas vacaciones serán muy beneficiosas para los casados, algo que los haga recordar los momentos iniciales de su relación. Los que estén pareja tienen que recordar que hay que buscar el tiempo para la comunicación.

Para los solteros todo es posible: un romance apasionado de corta duración con alguien que conocerán a través de las redes sociales, una relación seria con un colega de trabajo, o una salida romántica con alguien que conocerás en un mercado.

Tendrán algunos problemas familiares, pero todos se resolverán exitosamente.

En el trabajo debes tratar de ofrecer tus propias soluciones a los problemas, y aceptar todas las responsabilidades adicionales.

Las finanzas estarán estables, aunque en algunos periodos, específicamente a mediados de año, existe la probabilidad de una disminución de tus ingresos, o retrasos en los pagos. Durante estas etapas debes rechazar préstamos y por supuesto no prestar dinero.

Debes escuchar los consejos de las personas con más experiencias que tú a la hora de realizar inversiones.

Tu familia saboteará tu economía por eso debes estar muy organizado con tus finanzas. Es importante que hagas las paces con tus seres queridos, ya que en momentos inesperados puedes necesitar su ayuda.

De forma general tu salud será buena, pero debes cuidarte de enfermedades infecciosas y epidemias. Recuerda visitar al médico para prevenir posibles enfermedades crónicas.

Debes cuidar mucho la salud de tu piel y tus ojos de los efectos perjudiciales de la computadora y los teléfonos celulares.

Hay meses donde veras aparecer síntomas de desgaste emocional o depresión la forma de contrarrestar esto es estar en la naturaleza con más frecuencia. Además, los ejercicios y la meditación tendrán un efecto excelente en tu salud.

En general será un año próspero, a pesar de todo los cambios y eventos impredecibles. Debes abstenerte de tus acciones impulsivas, ser paciente cuando vivas situaciones de incertidumbre y por sobre todas las cosas debes aprovechar circunstancias favorables.

Es importante que sigas tu intuición, especialmente en las relaciones sentimentales relaciones. Haz tus decisiones, pero tampoco te apresures demasiado, ya que puedes cometer un error.

Amor

En el 2024 tienes la oportunidad de abrir tu corazón y traer un nuevo amor a tu vida ya que te sentirás más optimista sobre el amor. Este puede ser un buen año para el romance, ya seas soltero o casado.

Recibirás muchas lecciones de amor recuerda que cuánto das y recibes.

A mitad del año las luchas y los problemas pueden volverse bastante evidentes. Es importante trabajar a través de los problemas y tener un amor sano y solidario en tu vida. Tendrás tiempo para suavizar las cosas sobre todo en los periodos de Luna nueva.

Durante los periodos de Mercurio retrógrado las viejas heridas pueden interponerse en tu camino, y es importante abordarlos.

Tu vida amorosa y tu matrimonio te pedirán esfuerzo y compromiso constantes. Con la ayuda de las estrellas podrás lograr un buen equilibrio entre las emociones y el romance. Algunos Virgo tomarían decisiones importantes que alterarían su vida con respecto a su amor o matrimonio a lo largo del año.

Economía

Este año podrás progresar con tus planes a largo plazo, y el trabajo duro e inteligente te dará frutos. Obtendrás reconocimiento y te conectarás con personas importantes. Esto puede conllevar más responsabilidades, pero tú puedes manejarlo.

Durante los períodos de Luna nueva las oportunidades pueden surgir en tu camino y obtendrás mucho éxito. Debes entusiasmarte con tus objetivos y concentrarte en lo que quieres lograrа.

Tendrás mucha energía para tener éxito, ya que estarás más ambicioso y centrado. Este es realmente un excelente año par que triunfes, así que comienza a trabajar en tus planes y se inteligente con tus elecciones ahora para que no te pierdas ni una sola oportunidad.

Concéntrate en lo que te apasiona, reúne la información que necesitas y hazlo de la manera correcta y por las razones correctas.

Durante los periodos de Luna Llena llegarás a nuevas alturas y mantendrás tu ritmo. Debes sentirte cómodo con lo lejos que has llegado en tan poco tiempo, y recuerda que te lo mereces después de todo el trabajo duro y las pruebas que has soportado.

Si no te gusta el trabajo que estás haciendo, puedes hacer un cambio. Debes tratar de concentrarte en el trabajo que amas, así que puedes lanzarte con confianza a nuevos horizontes.

Recibirás recompensas financieras, o nuevos recursos que te harán la vida más fácil

Los Eclipses Lunares pueden ayudarte a resolver problemas de dinero, finalizar acuerdos financieros, y puedes dejar de lado tus viejos patrones financieros.

Si tienes traumas con el dinero este sería el momento de entender y liberarte de toda esa energía para que puedas progresar. El dinero no hace mala a las personas, las personas hacen malo al dinero.

Los Eclipse solares te van a traer grandes oportunidades financieras, y no tendrás problemas en cuanto a dinero. Pobras obtener éxito profesional y con esto también abundancia material.

Todo tu trabajo y desempeño constante de los últimos meses del 2023 darán sus frutos durante el año 2024. Recuerda estar al día con la tecnología esto va a contribuir a tu crecimiento.

Planifica para que puedas invertir en bienes raíces cuando tus finanzas estén encaminadas. Durante todo este año, los planetas estarán a tu favor si te esfuerzas. Virgo trata de no ser complaciente y continúa trabajando duro, invirtiendo tiempo y energías para que tengas un futuros brillante.

Familia

El área de tu hogar y vida familiar a principios del 2024 estará revuelta, pero es probable que no dure demasiado. Habrá problemas, pero tu sabrás cómo resolverlos rápidamente.

Existe la posibilidad de que planifiques una mudanza, o remodeles tu casa, definitivamente tendrás que asumir más responsabilidades familiares. Durante los periodos de Luna Llena podrás finalizar cualquier cambio en el hogar y resolver los problemas con la familia.

Si deseas más apoyo de tus seres queridos, tienes que fortalecer tus relaciones con la familia, o con aquellos que consideras familia, es decir tus amigos cercanos.

Durante los periodos de Mercurio retrógrado saldrán a relucir problemas con tu familia que aún no se han resuelto. Te vas a sentir emocionalmente incómodo.

Habrá algunos periodos donde la salud de los miembros de tu familia podría verse afectada, así como las finanzas en tu hogar. Durante estas etapas tendrás mucha preocupación.

Salud de Virgo

El año 2024 te bendice con buena salud y no tendrás mayores preocupaciones, sin embargo, eso no significa que debas ser cauteloso. Tendrás altos niveles de energía si sigues un buen régimen físico, un plan dietético equilibrado y vas a tus citas médicas periódicas.

A mediados de año tendrás algunos problemas de salud mental debido al estrés así que trata de mantenerte optimista. Trata de meditar y hacer ejercicios, por lo menos trata de caminar con más frecuencia. No te pases los días sentado o acostado mirando series en Netflix.

Debes poner mucha atención a la forma en que te nutres nutrición, ya que pues tener deficiencia de algunas vitaminas.

Cuídate mucho los músculos de la espalda, y de intoxicaciones con bebidas, si tuvieras algún problema puedes requerir una hospitalización.

Fechas Importantes

2/24- Luna Llena en Virgo*. Por lo general, este es un momento de emociones intensas, y puedes ver los resultados de lo que has hecho hasta ahora. Puedes ser sensible y estar más centrado en ti mismo. Trata de darte un respiro.*

25/7- Mercurio entra en Virgo

8/ 5- Venus entra en Virgo.

8/ 5- Mercurio comienza retrógrado en Virgo*. Trata de ser suave contigo mismo, no te exijas perfección y planifica antes de que llegue el retrógrado para* *abordar las pequeñas cosas para que no te preocupes por ellas durante el retrógrado. Esto puede ser genial para las segundas oportunidades, así que concéntrate en eso.*

22/08- El Sol entra en Virgo.

9/ 03- Luna Nueva en Virgo. *Este suele ser un buen momento para la energía, el entusiasmo y las oportunidades. Puede haber nuevas oportunidades que te entusiasmen y puedes concentrarte en lo que quieres hacer por ti mismo. Puedes tomar la iniciativa con lo que quieras y puedes hacer que las cosas sucedan.*

18/09- Eclipse Lunar Parcial en Piscis tu signo opuesto

Libra

Libra está fascinado con la armonía y persevera por crear equilibrio en todas las áreas de su vida. Al ser un signo de aire, mantiene la imparcialidad necesaria para ser siempre equitativo gracias a su profundidad mental, lo que lo convierte en el signo más expresivo socialmente del zodiaco.

Seductor y popular entre sus amigos, Libra se desarrolla a la perfección en la vida diaria, y es el legítimo esteticista del zodíaco. Venus, el planeta del amor, la belleza y el dinero, rige a Tauro y Libra, pero la analogía de Libra con Venus es diferente a la de Tauro.

Para Libra, su temperamento romántico es totalmente intelectual, es decir adora el arte, y la intelectualidad. A este distinguido signo puedes encontrarlo degustando vinos, o elogiando obras de arte moderno.

Libra necesita estar rodeado de objetos que muestren sus rebuscados intereses y, por eso es un excelente artista.

Nunca mal interpretes las preferencias de Libra como un indicativo de su indiferencia por lo que hay debajo la superficie, Libra se preocupa por la justicia y por pelear en nombre de los demás, por lo que es justo, y, por lo tanto, acogerá el papel de un árbitro sabio y equitativo cuando la situación lo demande.

Libra nunca será dominador y ostentoso con su moral, y este signo delicado puede solucionar problemas sin esforzarse. Libra simboliza el nosotros, las relaciones son esenciales para Libra, que halla el equilibrio en la relación, por esa razón Libra debe ser cuidadoso de no buscar atención fuera de los términos acordados con su pareja.

Libra desea que todos estén satisfechos y puede caer en la tentación de exceder las líneas del flirteo.

Libra no se contendrá ante nada para ser aceptado, inclusive si eso representa poner en riesgo sus relaciones actuales.

Como signo cardinal, Libra es genial para crear nuevas ideas y puede ver todas las alternativas posibles en una situación determinada.

Al tener en cuenta todas las perspectivas, le cuesta decidirse, le resulta difícil elegir, ya que está constantemente balanceando la balanza.

Este signo de aire está motivado por las apariencias físicas, el engreimiento puede ser una fragilidad para Libra, y puede llegar a concentrarse excesivamente en una pareja que se ajuste a su molde estéticamente deseado.

Tener buen gusto no es algo malo, además la palabra clave de Libra es delicadeza, y las conductas bruscas u opresivas como estar enviándole mensajes de texto cada 3 minutos, emails a todas horas del día o tratar de concretar la relación demasiado pronto, lo molestan.

Libra busca una relación elegante y que se desarrolle paulatinamente, él y su pareja deben fomentar el amor y la confianza paso a paso, formando una conexión basada en un interés simultáneo por las cosas finas. Si deseas iniciar un romance con Libra, piensa en asistir a la inauguración de una galería o a una ópera clásica.

Libra ama estar enamorado, es habitual que se lance sin pensarlo dos veces al romance, es dócil y delicado y entre las veladas de etiqueta, los paseos a anfiteatros y los viajes espontáneos al cine, las citas con Libra pueden sentirse como una aventura o el libreto de una película romántica.

Este seductor signo de aire sabe cómo sorprender, pero en estas maniobras exageradas de galanteo, también hay mucha premeditación.

Libra tiene un enfoque muy claro de lo que desea, y es fácil para él tratar de amoldar a su pareja para que se acomode con precisión a estas aspiraciones, en lugar de considerar que tus propios deseos pueden ser otros.

Al constituir una relación con Libra, el sabrá cómo mostrar la elegancia, y la mejor forma de saber si Libra está enfocado realmente en la relación no es mediante los gestos románticos elementales, sino a través de sutiles muestras de afecto.

Libra está obsesionado con ser conquistado, y aunque la intimidad física es importante, este signo necesita preámbulos mentales que lo lleven a la excitación a la hora del sexo.

Algunos signos pueden estimularse con la fantasía de encuentros sexuales directos, pero el aristocrático Libra piensa que estos apasionados encuentros son demasiado prosaicos.

Libra es alérgico a los conflictos, al principio, esta conducta pacífica es perfecta, pero realmente, puede ser el mayor obstáculo para sus parejas, porque para no desencantarlas, suele recurrir a mentiras misericordiosas y a medias verdades.

Es importante tener en mente que el propósito de Libra no es ser manipulador, sencillamente él no desea que te enojes con él.

A su vez, Libra debe acordarse que en la vida no podemos ser modas de oro y caerle bien a todo el mundo es una proeza imposible.

En las relaciones uno debe ser honesto, además, los conflictos saludables ofrecen la oportunidad para crecer, aprender y establecer límites cuando es necesario.

El compromiso se basa en un diálogo honesto, y expresar tu disconformidad también impedirá que Libra se vuelva apático y resentido con el tiempo, que se angustie y suceda un rompimiento.

Libra no es ignorante de las rupturas, este signo es feliz cuando está en pareja, pero no es de extrañar que esté continuamente ingresando y emigrando de relaciones. En su mundo admirable, las rupturas no estarían.

Libra siempre mantiene las opciones abiertas, aunque esté en una relación seria.

Cuando Libra rompe con su pareja, lo hace con un lenguaje encantador, ya que siempre quiere mantener la puerta abierta, y si quieren romper con él, hará lo imposible para evitarlo.

Libra se preocupa mucho por la opinión que causa de los demás, y prefiere mantener el aprecio de su expareja, a alejarlo para siempre.

Libra se sintoniza con el romanticismo, pero se preocupa por su reputación.

Este signo es considerablemente flexible, y tiene la capacidad de expresar los sentimientos de sus parejas, por esta razón avivará las antorchas de los signos de fuego, formará marejadas con los signos de agua, erigirá cordilleras con los de tierra y sustentará eficaces torbellinos con los signos de aire ya el objetivo de Libra es crear una vida ecuánime, serena, y armónica con su pareja.

Horóscopo General de Libra

El 2024 no será tan duro como el 2023, por lo que solo tienes que enfocarte en los Eclipses.

El Eclipse Lunar en tu signo el 25 de marzo te puede traer un final, o éxito importante. Puedes llegar al final de algo importante, y esto te dará una gran visión de tu futuro.

Puedes triunfar en lo que has estado trabajando durante algún tiempo, puedes creer en ti mismo y en tus habilidades. Este es el único Eclipse Lunar en Libra en este conjunto de Eclipses, por lo que la energía será fuerte.

Un Eclipse solar ocurre en Libra el 2 de octubre, y con el puedes concentrarte en un nuevo comienzo, aprovechar las oportunidades y comenzar un periodo completamente nuevo en tu vida. Esto puede estar relacionado con el Eclipse solar en Libra que fue el 14 de octubre de 2023, y este es un período en tu vida completamente nuevo.

Concéntrate en lo que quieres comenzar que requiere que seas audaz, y ve a por ello. (inteligentemente, por supuesto). Este es el último Eclipse de Libra en este conjunto de Eclipses, por lo que es la última inyección de energía para tu signo y puedes sentirte bastante presionado.

A medida que avanza el año, podrás cosechar los frutos de tu trabajo. Este año traerá harás contactos que te ayudarán a ascender en tu vida. Debes aprender a aceptar cualquier cambio o cualquier oportunidad que se te presente.

Una mejor comprensión de las personas y sus opiniones te ayudará a lo largo del año. Puede haber algunos días oscuros, no pierdas las esperanzas, sigue tus sueños y persigue tus objetivos.
Este es un buen año para cambiar tu perspectiva de la vida porque en general casi todos los áreas serán bendecidas.

Con los planetas a tu favor, este es un buen año para mostrar tus habilidades y talentos al mundo exterior, Libra, puedes demostrar tu valía ahora, ya que las oportunidades llegarán a ti desde todos los lados. Muéstrale al mundo tu verdadera fuerza.
Este es uno de los mejores años en el amor. Si eres soltero, es posible que el amor de tu vida te proponga matrimonio en este período, prepárate para casarte y

vivir la vida en tus términos. Ahora es el momento en el que disfrutarás de una excelente vida amorosa.

Es también un período de renovación para todos los que están casados, a medida que avanza el año tus relaciones comienzan a evolucionar y florecer.

2024 será un año lleno de posibilidades románticas. Si estás en una relación, puedes esperar conexiones emocionales más profundas y una mayor armonía con tu pareja. Si estás soltero, este podría ser el año en que encuentres a esa persona especial. Este año tendrás suerte, es un excelente momento para planificar un bebé si eso ha estado en tu mente últimamente.

Esfuérzate por tener un enfoque equilibrado entre las emociones y el romance en tus relaciones este año.

Tu trayectoria profesional estará llena de oportunidades, los planetas sugieren que puedes encontrar nuevas ofertas de trabajo, promociones o proyectos emocionantes. Es esencial que te mantengas abierto al cambio, ya que este año podría traer cambios inesperados. Ten en cuenta tus objetivos, no te desesperes porque a medida que avanza el año, alcanzarás gradualmente tus metas financieras.

Este es un año prometedor para Libra en términos de finanzas y tienen asegurada la abundancia.

Presta atención a tu salud física y mental, ya que mantener el equilibrio es crucial. Incorpora prácticas holísticas, como la meditación y el yoga, esto te ayudará a mantenerte con los pies en la tierra y enfocado.

Amor

Puede ser que te sientas saturado con tantas responsabilidades y que esto te empuje a tener conflictos en tu pareja. Trata de tomar un respiro y distráete.

Habrá cambios en tus relaciones, lo que quieres y necesitas, lo que das y a quién atraes será restructurado.
Podrás contraer compromisos de forma rápida e inesperada, o en circunstancias inusuales, o con personas poco convencionales.
En este año, querrás buscar atención y eso creará un poco de drama en tu vida amorosa.

Energías más equilibradas entrarán a tu área del amor durante las Lunas nuevas, estarás más optimista porque estas Lunaciones te brindan una energía mágica que es perfecta para atraer a otras personas que buscan el amor de forma ocasional, pero no están desesperadas por encontrarlo.

Tu aura será muy competitiva y no tendrás miedo arriesgarte con alguien que sabes que ya tiene pareja. Debes ser cuidadoso con estos temas.
Es probable que tu actitud resulte en desilusión para algunas personas.

En los periodos de Luna llena puedes fortalecer tus compromisos con los demás si tienes una relación saludable. También tendrás la oportunidad de poner distancia entre tú y los demás si no tienes una buena relación o son personas toxicas.

Después de julio comenzaras a salir y a conocer personas interesantes entre las cuales una en especial llamará tu atención al punto de hacerte desear tener una relación.

Existe la posibilidad que los que estén solteros se sientan atraídos por personas con una sensibilidad especial como músicos, o poetas, o que conozcan a su media naranja en un entorno espiritual.

Economía

Tendrás que trabajar duro durante todo el año para cosechar beneficios. Después del 26 de mayo, Júpiter en Géminis tendrá un impacto significativo en tu profesión, si quieres cambiar de trabajo será posible. El nuevo trabajo será mejor que el anterior e impactará directamente en tu situación financiera, fortaleciéndola significativamente. Si tienes un negocio propio, debes priorizar tu trabajo al máximo.

Tu enfoque debe mejorar, y profundizar en lo que quieres hacer te ayudará enormemente. Es posible que haya lecciones que tengas que aprender primero sobre el trabajo, lo que significa para ti, lo que necesitas para hacer mejor tu trabajo y lo que estás dispuesto a dar.
Podrás hacer buenas inversiones para tu futuro financiero, y alcanzar gradualmente tus metas financieras una por una. Este es un año prometedor para Libra en términos de finanzas y tienen aseguradas la abundancia y el crecimiento financiero. Mantente enfocado, y se disciplinado durante todo el año.

Este año será un año donde obtendrás todo lo que querías financieramente, pero es un proceso que no será continuo y habrá cosas de las que tendrás que ocuparte.
Es recomendable que hagas un seguimiento del dinero y lo administres correctamente a principios de año para que puedas progresar el resto del año.

En tu área monetaria necesitas un corazón fuerte para resistir los Eclipses, mantén la fe porque el resultado final es bueno. Estarás en la cima del mundo por un tiempo y luego en las profundidades. Pero este año,

los movimientos planetarios indican un próspero final de año.
En resumen, comienzan una etapa de prosperidad grandiosa y el dinero les lloverá.
Tendrán Facilidad para ganarlo en inversiones y en los juegos de azar. También podrían comprarse un auto nuevo.

Familia

El estrés estará presente este año en tu vida familiar. Las discusiones son inevitables Plutón en este sector hará transformaciones masivas en tu hogar y tendrás que resolver problemas de tu infancia.

Puedes aprovechar este año para mejorar tu vida en el hogar y trabajar para mejorar tus conexiones con la familia, o con aquellos a los que consideras familia.

Una base sólida es importante para ti, por eso es importante que te enfoques en la nutrición y el apoyo, concéntrate en hacer de tu hogar un lugar que te nutra y esfuérzate por hacer que tus conexiones familiares.
En tu hogar se producirá una metamorfosis. Tu casa y bienestar serán para ti prioridad, porque pasarás más tiempo en casa. Pensarás en mudanza, pero lo dejarás para el 2025. Lo que harás es embellecer tu casa, cambiando algunas cosas.

Si tienes hijos mayores podrían abandonar el hogar este año. Tus padres y hermanos podrían mudarse. Toda tu familia estará en movimiento.

Salud de Libra

Algunos problemas de ansiedad y estrés pueden surgir durante el año, recuera que, con un buen bienestar físico y mental, avanzarás en la vida para lograr grandes cosas.

La salud fue un área estresante el año pasado. Tuviste grandes desafíos porque los planetas te estaban estresando. Todavía tienes que ser cuidadoso con tu energía en general, sobre todo con tus niveles de energía.
Este año necesitas el doble de energía y esto puede hacer que tus órganos más vulnerables se afecten.

El estrés excesivo y una vida sedentaria pueden ser factores de riesgo, procura tener una rutina organizada que te garantice un óptimo estado de salud.
Elimina los excesos, descansa y dale prioridad a una buena nutrición. Has ejercicios que te permitan liberar tensiones acumuladas. Es recomendable que incursiones en nuevas técnicas como la meditación o el Yoga, que benefician tu cuerpo y tu mente.

Fechas Importantes

3/25- Luna Llena en Libra (Eclipse Lunar Penumbral en Libra) *en tu signo esta Luna significa que tendrá un impacto especial en ti. Será la hora para esforzarse por mejorar tu vida y la de tus seres queridos. El universo te pone en la mesa el botón de reinicio que estabas esperando.*

29/ 06- Lilith entra en Libra*. Este transito puede intensificar tu sed de justicia, pero también una tendencia a manipular a otras personas, generalmente con buenas intenciones. Debes tener cuidado de no ser demasiado intransigente y de creerte el dueño de la verdad en tus relaciones románticas y sociales. Debe evitar actuar con cinismo, sobre todo cuando estés a la defensiva.*

8/ 29-Venus entra en Libra*. indica un excesivo análisis en relación con temas afectivos.*

22/ 9- El Sol entra en Libra*.*

9/ 30- Sol en conjunción con Mercurio en Libra*. Momento perfecto para comunicar tus ideas.*

10/2- Eclipse Solar Anular en Libra*. Rupturas amorosas o compromisos. Desengaños o momentos de lucidez espiritual. Inicios laborales o familiares que vienen relacionados con grandes finales.*

Escorpión

Escorpión, tiene mala reputación. Este oscuro signo de agua es famoso por su misterioso encanto, su inclemente ambición y su característico carácter huidizo. Es el signo más complicado del zodiaco, está representado por el Escorpión, un animal traidor que habita en las tinieblas.

Para Escorpión, la vida es una partida de ajedrez, regido por el planeta Plutón tiene una capacidad para regenerarse y convertirse en su mejor y más fuerte versión.

El crecimiento es elemental para Escorpión, que utiliza la metamorfosis como herramienta de expansión emocional y psíquica. Al igual que Plutón, y los poderes seductores del mundo oculto, Escorpión suda energía.

Escorpión no tiene problemas para conseguir pretendientes, y es conocido por su increíble sensualidad. A pesar de su reputación lujuriosa, valora la honestidad y la privacidad en las relaciones.

Debido a su increíble fogosidad y poder, las personas piensan que Escorpión es un signo de fuego, sin embargo, pertenece al elemento agua, lo que simboliza que consigue su fuerza del subconsciente, y de las emociones.

Escorpión es considerablemente intuitivo y sensible, puede percibir la energía de cualquier casa y absorber las emociones de los demás.

Escorpión es duro, y como su símbolo astrológico, vigila en las tinieblas, aguardando la ocasión perfecta para atacar cuando menos se espera. Este calculador signo de agua siempre está proyectando varios pasos antes en un plan grandioso.

Eso no significa que sus intenciones son necesariamente nefastas, solo le gusta planificar a largo plazo y para conseguirlo se centra en sus objetivos y nunca muestra sus cartas, siendo esta naturaleza misteriosa la que lo hace tan fascinante.

Escorpión sabe cómo utilizar su intuición para manipular cualquier situación y contraponer a las personas entre sí. Escorpión siempre tiene que acordarse que, si se deja controlar por sus deseos de manipulación y poder, corre el riesgo de clavarse su propio aguijón. Su comportamiento secreto puede causarle perder relaciones.

Este signo sabe dar lo mejor de sí cuando su intensidad personal se aplica con sus amigos más cercanos porque, aunque dudoso y posesivo, también es muy defensor con sus seres queridos y está dispuesto a protegerlos sin pensarlo.

Cuando lograr establecer confianza y se siente seguro, Escorpión demuestra empatía, y compromiso.

Alguien que sea elegante, le causa una buena impresión, y como signo de agua sus sentidos son muy agudos, por lo que, en el área del romance, es conveniente mimarlo con mucha pasión.

Este intenso signo de agua valora su privacidad, así que no le resulta fácil dejar entrar un desconocido en su vida privada.

Si estás interesado en conquistar a un Escorpión el proceso de cortejo es muy extenso y estará lleno de muchas pruebas a fortaleza emocional.

Cada movimiento que hace este signo es intencional, por ende, tendrás que ser super rápido para seguirle la rima.

Si consigues superar con éxito el proceso, Escorpión, estará listo para desarrollar una conexión contigo a nivel de alma. A diferencia de otros signos, cuando Escorpión está en una relación no significa que se siente seguro, su intensidad es perpetua ya que su objetivo cardinal es sujetarse a su pareja de por vida.

No existe un signo del zodiaco más relacionado con el sexo que Escorpión, sin embargo, a pesar de sus tendencias, el acto físico de la intimidad es menos importante para Escorpión que la conexión.

A Escorpión le resulta muy difícil satisfacer su apetito, por lo que se siente atraído por experiencias sombrías y misteriosas.

Es muy fácil que se vuelva adicto con sus relaciones, y esto pueda adoptar la forma de locura, en la que Escorpión crea problemas a propósito para poner a prueba a su pareja, una conducta tóxica que resulta adversa. Escorpión debe recordar que, en las relaciones serias, las personas poseen derecho a la independencia emocional y a la intimidad.

Lo fundamental que hay que recordar cuando tienes una relación con Escorpión es que debes ser claro, pregúntale sobre sus sentimientos, y no temas desafiar cualquier comportamiento oculto.

Escorpión valorará que le pidas cuentas, y cuanto más te envuelvas con él a través de una comunicación directa, la relación será segura.

Desafortunadamente las decepciones son inevitables en la vida, y aunque Escorpión es famoso por su habilidad de resurgir de las cenizas, eso no representa que los rompimientos le resulten fáciles, de hecho, a este signo le cuesta mucho soltar a sus parejas.

No importa si es él quien inicia la ruptura, este penetrante signo siempre se siente desamparado después que esto suceda.

Algunas veces el final de una relación se libera en Escorpión su particular ansia de controlar, que a veces lo conlleva a angustiar y empeñarse con sus exparejas, por ende, es mejor cortar de raíz.

Impulsado por sus pasiones, Escorpión es una pareja dedicada, y mientras que algunos signos se resisten a la tenacidad de Escorpión, otros signos se sienten inspirados por su energía.

Horóscopo General de Escorpión

Este va a ser un año emocionante e intenso, por eso debes enfrentarlo con una actitud positiva. Prepárate para algunas turbulencias serias. Es importante que mantengas tu mente abierta, ya que habrá oportunidades, pero también desafíos inesperados. Si mantienes una actitud flexible, puedes aprovechar al máximo estas circunstancias y transformarlas en logros positivos.

Aunque durante el año pueden existir obstáculos Escorpión no debes perder la fe. Espera lo inesperado y prepárate para lo peor.

Aléjate de todo tipo de tentaciones y analiza los pros y los contras antes de tomar decisiones importantes en la vida.

Sé sincero, no pierdas tu dignidad y no pierdas la esperanza cuando te desafíen. Este es un año de grandes cambios, reevalúa periódicamente tu posición en la vida. Sigue trabajando, y nada contra la corriente.

Durante los periodos de Luna llena podrás ver los resultados de los proyectos en los que has estado trabajando. Debes priorizarte a ti mismo, a tus deseos y necesidades.

Durante los periodos de Luna nueva ocurre en tu energía y entusiasmo serán muy altos. Debes tomar la iniciativa y buscar oportunidades para nuevos comienzos.

Este año vas a sentir un cambio en general en tu vida, en tu enfoque y en tus perspectivas. Es un cambio sutil que puede no parecer obvio de inmediato. Tendrás la determinación de lograr tus objetivos a pesar de estos desafíos.

Si estás pensando en comprometerte con una relación, casarte o tener hijos, este sería el año adecuado. Recibirías el apoyo, y amor tu familia.

Trata siempre de buscar lo positivo en todo lo que enfrentarás este año, tus esfuerzos darán frutos en los tres últimos meses del año. No esperes a que las cosas caigan del cielo, ve tras ellas.

De todos modos, tendrás mucha energía mental y vas a poner tus planes en acción. Por esa razón debes trabajar en nutrir tus ideas, tu mente y ser más ingenioso con tus planes.

Durante los periodos de Eclipses podrás sintonizar con tu subconsciente y comprender tus problemas. Este puede ser un período importante para dejar ir, y deshacerte de algo, o alguien, que te ha estado agobiando durante algún tiempo.

Tus familiares te respaldarán, te sentirás seguro y protegido, y tus amistades verdaderas continuarán siendo sólidas. Los que realmente te quieren estarán contigo en las buenas y en las malas. A mitad de año debes estar alerta cuidado con una posible traición de una amistad, te enfrentarás al dilema de si confrontar a esa persona o dejar pasar las cosas.

Estarás en forma este año, tu energía será poderosa, no obstante, ten cuidado de no esforzarte demasiado. Toma descansos cuando es necesario, debes evitar el agotamiento.

Amor

Llegarán nuevas personas a tu vida. Puedes comprometerte y es posible que te alejes de aquellos con los que no tienes una buena conexión.

Es momento de que te tomes en serio el amor, y trabajes para eliminar los traumas amorosos del pasado. Estos pueden venir de tus años de juventud o de vidas pasadas. Esta limpieza te ayudará a fortalecer los lazos emocionales que tienes con los demás.

El año es favorable para el matrimonio y el nacimiento de niños, lo que traerá alegría y felicidad en tu hogar, aprovecha esto para mejorar tus vínculos familiares.

Escorpión en una relación vivirá un período muy decisivo. Asegúrense de ser leales y honestos con su pareja y compartan sus emociones. Algunos Escorpión verán cómo una amistad se convierte en una relación de amor.

Si estás soltero, tendrás oportunidades de encontrar el amor, o de que el a mor te encuentre a ti. No te apresures, tómate tu tiempo, analiza a esa persona y escucha a tu corazón.

A finales del año pueden haber malentendidos y engaños para los que están comprometidos y pueden ser estafados en nombre del amor.

La vida te ha puesto a prueba de muchas formas y te ha sometido a situaciones difíciles, pero las enfrentaste y desafiaste todas con precisión, por eso debes ser paciente. Todas estas experiencias te han convertido en quién eres. Te has vuelto fuerte y valiente y nada te desafía. A pesar de eso todavía tienes miedo expresar lo que sientes. Este año te enseñará muchas lecciones que has obviado para fingir ser alguien desprovisto de emociones. Expresar tus emociones es importante.

En síntesis, en lo que se refiere a asuntos del corazón vas a experimentar un año de profundas conexiones emocionales y relaciones transformadoras. Ya sea que estés soltero, o en una relación comprometida, los planetas te alientan a abrazar tu vulnerabilidad y abrir tu corazón al amor. Confía siempre en tu intuición.

Es importante que mantengas el equilibrio entre tu vida laboral y personal este año. Los planes bien elaborados te llevarán a cambios positivos. Encontrarás estabilidad y comodidad en tu vida personal y profesional, desarrollarás una perspectiva madura.

Economía

Comienzas el nuevo año prestándole mucha atención al dinero, a tu situación financiera y a los recursos que posees.

Durante los periodos de Mercurio retrógrado, estarás superando desafíos y tratando de eliminar bloqueos.

Obtendrás ganancias monetarias, pero es posible que no estés contento con esas ganancias financieras. A principios de año no es el momento adecuado para realizar grandes inversiones, o asumir riesgos.

Es aconsejable que estés alerta en tus inversiones y transacciones, porque un movimiento en falso puede afectar tu inversión, y afectarte también emocionalmente; sean prudentes con sus finanzas este año.

Tendrás nuevas fuentes de ingresos, y si te encuentras en medio de cualquier disputa, el dinero pondrá fin a ella. Puedes tener gastos inesperados en viajes, salud y reparación de equipos o tu auto en la segunda mitad del año.

El trabajo es importante para ti, y crees en trabajar duro en lugar de simplificar el camino. Este año, tu dedicación y fuerza de voluntad te llevarán al éxito. Tu pasión por tu trabajo será admirada por tus colegas, y tus esfuerzos servirán de ejemplo

Familia

En tu vida doméstica y familiar habrá algunos problemas, pero todos tienen solución.

Podrías enfrentarte a conflictos con los miembros de tu familia. La salud de un familiar muy cercano podría verse afectada y eso podría convertirse en la razón del ambiente infeliz de tu casa.

Es posible que termines viviendo en un lugar completamente diferente, con personas nuevas, o puedes buscar oportunidades para hacer transformaciones en tu hogar o con aquellos que consideras familia.

Entre febrero y marzo es el mejor momento para mudarte, o renovar tu casa.

Debes trabajar para nutrir las conexiones con aquellos que piensas que son familia para que estén más seguros.

Salud de Escorpión

Es importante que cuides tu salud. Has desarrollado hábitos poco saludables, como beber en exceso y saltarte el desayuno en favor de los almuerzos tardíos. Estos hábitos pueden ser perjudiciales para tu bienestar. Es importante cambiarlos y adoptar un estilo de vida saludable.

Es probable que no puedas renunciar por completo a tu amor por las bebidas alcohólicas, intenta reducir su consumo y frecuencia.

Los choques de opinión con tus colegas de trabajo, especialmente a mediados de año, pueden causarte estrés. La incapacidad para expresar tus emociones puede aumentar tu ansiedad.

El estrés y la ansiedad pueden desencadenar problemas relacionados con la presión arterial y problemas digestivos.

Adopta un enfoque equilibrado del ejercicio porque el esfuerzo excesivo puede provocarte estrés. Considera actividades que sean buenas para tu corazón y tu alma. La risa, y alegría deben acompañarte para que mantengas tu bienestar.

Fechas Importantes

4/23 Luna Llena en Escorpión. *Tienes que vigilar tu tendencia a sentir celos, y deseos de venganza. Esta Luna es sinónimo de profundidad, y renacimiento, te invita a aventurarte en lo profundo de tu ser para atravesar heridas y renacer. Te puedes sentir naturalmente atraído a liberarte de las cosas, o personas, que ya no sirven en tu camino.*

9/23 Venus transita hacia Escorpión. *Este transito es muy potente ya que te enfocará en cambiar en tu forma de relacionarte con la intimidad. Tienes la oportunidad en este ciclo de abrirte a un nuevo contacto con tu propia intimidad.*

10/13 Mercurio entra en Escorpión. *Se activa tu mente, una que podrá hacerte ver más allá de lo superficial, y se conectará con tu intuición. Podrán salir secretos a la superficie dejando en evidencia todo lo oculto.*

10/22 Sol entra en Escorpión

11/01 Luna Nueva en Escorpión. *Uno de los momentos más importantes del mes, si deseas conectar con tu potencial energético. Transforma de forma positiva aquello que requiera un cambio en tu vida.*

Sagitario

Sagitario, es un signo está en la eternamente colectando conocimiento. Puedes encontrártelo cruzando los mares, e indagando en todos los escondites del universo en sus viajes en su búsqueda de emociones.

Cuando se habla de amor todos los días y horas son una aventura para este activo signo de fuego. Júpiter, el planeta de la abundancia es el regente de Sagitario, la suerte persigue a este signo dondequiera que va, y como Centauro astrológico, Sagitario desea desarrollo mental, filosófico y espiritual, y por supuesto mucha diversión.

Sagitario tiene la capacidad convertir cualquier cosa, incluso la actividad más terrenal, en una hazaña fascinadora.

Literalmente todos tenemos una historia, y como Sagitario es un magnífico orador, puede compartir estas memorias con sus amigos, familiares y forasteros por igual de formas que inspiran y dan luz a cualquier lugar. Además de provocar risas contagiosas en su público.

Como este signo de fuego es atractivo, siempre está rodeado de ansiosos espectadores, en otras palabras, este signo es definitivamente el chiquillo famoso del zodíaco. Como signo mutable, Sagitario también es adaptable, de hecho, tiene un deseo enraizado de cambio repetido.

A Sagitario le encanta adquirir nuevas éticas, ideologías, y lógicas, cambiar de perspectiva y, quizás lo más importante, viajar por el mundo.

El excursionista del zodíaco tiene una cualidad errante, y puede ponerse caprichoso si perdura en un lugar durante mucho tiempo, por eso es fundamental que este signo tenga la libertad de explorar.

No todo el mundo tiene la capacidad de mantenerse al día con las inquietudes siempre inestables de Sagitario, por lo que cuando se trata de pasión, este signo de fuego es conocido por conquistar corazones.

Sagitario es también el payaso del zodíaco, siempre está diciendo una historia o un chiste, por lo que cada plática está impregnada de ocurrencias, y considerable sinceridad.

Aunque no tienen contrincante, Sagitario debe acordarse de ser cuidadoso con su lengua tajante y sus comentarios satíricos. En ocasiones, su energía se pasa del límite luciendo presuntuoso o incluso despreciable.

La cualidad mutable de Sagitario lo hace un poco áspero cuando se trata de decisiones como es establecer un compromiso en una relación. Al tener con tantas posibilidades, padece al escoger la relación correcta ya que le gusta mantener sus opciones abiertas.

Para evitar sentirte opacado, debes ser honesto con este signo, conversa con él, se firme, y todo irá bien porque si algo que Sagitario aprecia es la sinceridad.

Con su espíritu aventurero inmutable, salir con Sagitario es como volar en un globo, o tirarse de un paracaídas con mal tiempo, porque a él le gusta vivir al borde, donde haya una mayor probabilidad de descubrir algo nuevo.

Cuando se trata de relaciones las cosas se ponen peligrosas con Sagitario, ya que puede verse estimulado a perseguir relaciones de alto riesgo.

No es fácil atraer la atención de Sagitario, después de todo, el Centauro no permanece en un lugar el tiempo suficiente para mantener la motivación. Por ende, si estás tratando de conquistar a un Sagitario, tendrás que mantener este signo dinámico en sus pies, no temas mostrar los aspectos más enérgicos de tu personalidad.

A Sagitario le atrae que te defiendas, asegúrate de mantener tu estilo de comunicación ameno. Vivaracho y de espíritu libre, el Centauro tiende a tener un aspecto despreocupado cuando se trata de sexualidad, y sus relaciones físicas pueden variar de accidentales a comprometidas, y como es un arqueólogo natural, el sexo siempre es un evento para este signo fogoso.

Sagitario ve la intimidad como una ocasión para el auto descubrimiento y el esparcimiento intelectual, por lo que cuando se trata de sexo, tiende a ser un serio perseguidor de emociones.

Cuando Sagitario decide comprometerse las cosas no cambian tienes que tratar de mantener un estilo de vida aventurero 24/7.

Las relaciones serias consisten en compartir las debilidades, crear un método de soporte y abordar las realidades juntos, pero si tu itinerario no puede resistir el programa propuesto por Sagitario, trata de hacer de cada día un suceso.

Considera explorar prácticas de bienestar alternativas con tu pareja el Centauro, le encantará desarrollar sus fronteras espirituales contigo a su lado. Cuando se trata de aventuras, Sagitario simplemente está buscando un acompañante divertido, él quiere estar con alguien que lo rete a ampliar sus horizontes.

Pero nunca te olvides que inclusive dentro de una relación, Sagitario detesta los límites, así que, si te encuentras en una relación con este signo, cerciorarte de tener tu muelle de entrada listo.

No sabrás lo que se avecina, pero seguramente será un viaje implacable.

Los límites no son algo malo, de hecho, proporcionan un marco sólido para la relación.

Cuando te relaciones con Sagitario, intenta crear cosas desde el principio que esclarezcan lo que conviene y no conviene hacer en una relación.

Si deseas que tu Sagitario te envíe mensajes todas las noches, debes decirle desde el principio, porque así será más fácil para Sagitario entender la relación si las reglas son claras.

Sagitario siempre está buscando emociones nuevas, su libertad debe ser respetada para mantener cualquier relación a largo plazo saludable, déjale saber que estás ansioso por participar en sus ocupaciones, pero permítele tomar la decisión por sí mismo y evita hacerlo sentir culpable si decide hacerlo por sí mismo.

Sagitario es muy sincero, por lo que cuando inicia un rompimiento, los términos son sencillos, si dice que se acabó, realmente se terminó, con el no hay marcha atrás.

Como es un bohemio, le resulta fácil empaquetar e irse cuando las cosas no funcionan. De hecho, Sagitario a menudo puede avanzar como si una relación nunca hubiera existido en primer lugar.

Horóscopo General de Sagitario

Este va a ser un año prometedor para Sagitario. Tu vida personal y profesional será buena, aunque tendrán su cuota de desafíos y responsabilidades.

Tendrás que hacer algunas decisiones importantes, por ende, debes confiar en los consejos de tus amigos y seres queridos.

Este es un periodo que te sacará de tu rutina y te animará a perseguir las ambiciones de tu vida. Este será un año que te regalará una sensación de plenitud.

Este es un año de suerte para Sagitario, pero el trabajo duro y el compromiso serían la clave para poder triunfar. No seas miope, aprende a mirar el panorama general. Todos tus movimientos debes hacerlos con sabiduría.

A partir del 25 de mayo, Júpiter, tu regente, transita hacia Géminis. Esto te ayudará a acercarte a tu destino.

Durante los períodos de Mercurio Retrógrado es probable que desees planificar nuevos comienzos y enfocarte en segundas oportunidades.

Durante los períodos de Luna Nueva se te pueden presentar oportunidades únicas, por eso debes ser muy inteligente con tus decisiones y tener fe en ti mismo.

Durante los períodos de Luna llena tus emociones estarán a flor de piel, debes prestar más atención a tus deseos y necesidades.

La salud de Sagitario será promedio para este año. Debes estar alerta y preocuparte por tu bienestar general. Tendrás etapas de mucho estrés y ansiedad que afectarán enormemente tu salud. Los hábitos poco saludables podrían interferir con tu salud cardíaca.

Sean cuidadosos con las adicciones. Descansen lo suficiente, y confíen más en las comidas caseras que en las comidas rápidas.

El año es favorable para tu vida familiar, tendrás prosperidad y felicidad en tu hogar. Sin embargo, la salud de los niños puede provocarte preocupaciones.

Aquellos que deseen tener un bebé podrán concebirlo durante los últimos meses del 2024.

El amor florecerá, pero debes tratar de resolver cualquier diferencia que exista en tu relación.

Amor

Este año pondrás una atención adicional a tus relaciones amorosas, ya que cualquier problema existente puede empeorar. Debes trabajar para eliminar los bloqueos en el amor.

Durante los períodos de Eclipses te puedes reconectar con viejos amores.

Los Eclipses pueden recordarte que debes estar alegre, divertirte y dejar que, entre el amor a tu vida, si estás soltero.

Los períodos de Luna llena te acercarán a aquellos con los que tienes vínculos sólidos y con los que sientes una conexión espiritual, pero te alejarás de las personas toxicas.

Júpiter después del 25 de mayo y por el resto del 2024, les aportará energía a sus relaciones. Tendrás la oportunidad de conocer a muchas personas importantes y de esas nuevas conexione puede surgir un amor.

Si estás en una relación, puedes decidir comprometerte.

Durante los períodos de Luna nueva estarás abierto al compromiso, y a los vínculos emocionales y físicos con los demás.

Te espera sentimentalismo, sensualidad, pasión, y mucha diversión.

Economía

Urano continúa trayendo cambios a tu vida laboral, pero Júpiter te regala oportunidades para hacer los cambios que deseas.

Tendrás nuevas oportunidades para proyectos, o un trabajo completamente nuevo que te entusiasmará.

Vigila los períodos de Luna nueva porque durante ellos es donde aparecerán las nuevas oportunidades para que puedas prosperar.

Estarás más productivo, eficiente y organizado, y cualquier proyecto que estés involucrado dará muchos frutos, es decir mucho dinero, después de agosto.

Durante los períodos de Luna Llena te sentirás conectado emocionalmente tu trabajo o profesión. Durante esos períodos te acercarás al final de etapas importantes para ti financieramente.

Debes tener planes financieros e invertir sabiamente. No te dejes llevar por las opciones de inversión comunes y corrientes, porque puedes perder tu capital.

Júpiter y Saturno favorecen tus planes de inversión a largo plazo. En general, este es un año en el que no se sentirás ninguna crisis financiera.

Familia

Pueden existir algunos asuntos nebulosos en tu hogar, pero estos eventos fortalecerán tu intuición emocional.

Algunos viejos problemas relacionados con tu hogar y la familia vas a tener que eliminarlos. Esto puede significar varios períodos de incertidumbre, inestabilidad o falta de conexión familiar.

Es posible que te mudes a otro lugar, o que compres una propiedad, amplíes la familia o asumas grandes responsabilidades familiares. Los periodos de Luna Nueva son los que pueden traer estas oportunidades.

Mucho cuidado durante los Eclipses Lunares ya que esta fuerte energía puede amplificar cualquier problema familiar. Lo inteligente seria tratar de mejorar las cosas antes de los Eclipses.

Salud de Sagitario

Como tú eres un signo tan activo corres el riesgo de no darte cuenta de cómo se te acumulan la fatiga crónica y el estrés. Es recomendable que dediques tiempo a la relajación. Unos masajes, conversar con tus amigos, y caminar por la orilla de la playa, mejorarán tu estado de ánimo y tu apetito.

Una dieta saludable es recomendable, trata de consumir suficientes alimentos ricos en vitaminas. Debido a la deficiencia de ciertas vitaminas puedes experimentar problemas en la piel.

Debes evitar las tensiones nerviosas y no asumir tantas responsabilidades a la vez. Unas vacaciones junto al mar no solo serian emocionante, sino que tendrán un buen efecto en tu bienestar físico y mental.

Algunos Sagitario tendrán varias citas con el dentista, y otros se despedirán tristemente de sus comidas favoritas. Debes hacer dieta.

Cualquier esfuerzo no será en vano. La moderación y un enfoque en tu salud se convertirán en fuentes de optimismo.

Fechas Importantes

01/ 02- Mercurio transita directo en Sagitario.

Podrás comunicarte con más fluidez, tus pensamientos se enfocarán con más facilidad hacia el futuro.

05/23- Luna Llena en Sagitario.

Tendrás la oportunidad de abandonar las formas de pensar que limitan tu crecimiento. Es el momento perfecto para ampliar tu perspectiva y sentirte más seguro. Esta Luna Llena marca el fin de vínculos emocionales que no están en sintonía con tu energía. Se cierra un capítulo en tu vida relacionado a asuntos financieros. Debes encontrar equilibrio en tus rutinas diarias.

10/17- Venus transita a Sagitario.

Es el momento de conquistar ya que tu aura estará magnética. La seriedad no será parte de tus planes románticos y tendrás la oportunidad de probar cosas nuevas.

11/ 02- Mercurio transita a Sagitario.

Tendrás una comprensión más clara de las motivaciones de las personas y sus acciones.

11/21- Sol entra en Sagitario.

11/ 26- Mercurio Retrogrado en Sagitario.

Evita firmar acuerdos. Reflexiona sobre tu pasado, aprende a pedir perdón y se flexible con tus horarios. Planifica todo con antelación. No tomes decisiones importantes.

12/ 01- Luna Nueva en Sagitario.

Analiza tus relaciones personales, tomate las cosas con calma y libérate del estrés. Elimina la rutina, planifica cosas nuevas con esfuerzo y dedicación. Proponte metas sólidas.

12/ 06- Sol en conjunción a Mercurio en Sagitario.

Dia perfecto para que comuniques tus ideas con claridad y seguridad.

12/15- Mercurio directo en Sagitario.

Podrás comunicarte con más fluidez, tus pensamientos se enfocarán con más facilidad hacia el futuro.

Capricornio

Capricornio, es un signo representado por la cabra marina, un animal mitad cabra y la cola de un pez.

Este misterioso espécimen puede vivir lo mismo en la tierra que en el agua, representando la capacidad de Capricornio para equilibrar su lógica, con su intuición.

El signo más ambicioso del zodíaco sabe cómo poner en práctica estas habilidades.

Capricornio está regido por el mayoral Saturno, el planeta que rife el tiempo y las restricciones. Saturno en la astrología tiene el papel de enseñar lecciones difíciles y Capricornio no es ajeno a estos sufrimientos.

Capricornio usualmente pasa mucho trabajo en su infancia y juventud, pero después se rejuvenece, se pone optimista y divertido que va madurando.

Su fuerza de carácter lo acompaña siempre, y Capricornio aprovecha esta fortaleza interior para superar los obstáculos y cumplir sus objetivos a largo plazo. En pocas palabras, este signo nunca permitirá que nada, ni nadie, se interponga en el camino hacia su éxito.

Como signo cardinal, Capricornio es excelente para lanzar proyectos, y asumir posiciones como líder, y su actitud positiva lo conduce al triunfo en cualquier profesión.

Capricornio ama compartir con sus amigos más cercanos compañeros, y este signo de tierra valora el tiempo de calidad con sus socios.

Capricornio disfruta construyendo un entrono con personas de ideas afines a las suyas, y dentro de cada Capricornio serio hay un personaje muy travieso.

Al principio como no tiene confianza arece un poco tradicional y conservador, pero las personas más cercanas a Capricornio saben que esta cabra marina puede transformarse en un verdadero nocturno y fiestar sin parar.

La ambición de Capricornio inspira al apático, sin embargo, debido a su enfoque inquebrantable, también tiene un poco de reputación de ser frío y sin emociones. Por costumbre usualmente siempre está pensando en el panorama general, y no tiene el tiempo, ni energías para aconsejar a sus amigos.

Aunque no todas los Capricornio son iguales, Capricornio debe recordar que no todos los éxitos en la vida pueden aparecer en un currículum, y finalmente, la empatía es más importante que cualquier carrera profesional.

La compasión y la ambición no son recíprocamente excluyentes, y cuando él tenga la capacidad de unir estos aspectos de su vida, estará mucho más satisfecho.

Capricornio siempre tiene un estatus elevado, por esa razón se siente atraído por parejas que sean ambiciosas. Las personas que le atraen son las que tienen talentos profesionales o creativos, o incluso humor.

Cuando estés enamorando a un Capricornio, asegúrate de resaltar tus mejores cualidades, y enfatiza tus habilidades. Capricornio definitivamente se interesará en ti.

Capricornio desea a crear bases sólidas en sus relaciones románticas, por lo que no pierde el tiempo en relaciones insignificantes, él no se anda de rama en rama y si está manifestando interés, eso significa que realmente le gustas. Al principio, su estilo de enamorar puede ser bastante tradicional, él no quiere gastar su dinero por gusto hasta que no exista una seguridad. Si nacen sentimientos, Capricornio comenzará a revelarse, y será menos austero.

El amante de Capricornio aborda la sexualidad con énfasis y dedicación, las cosas son en blanco y negro cuando se trata de sexo.

Para este signo, o es una expresión de romántica, o es una noche casual. Cuando no existe un apego emocional, el sexo con Capricornio puede ser estéril, casi con un negocio con un extraño. Pero, cuando quiere soltarse con alguien a quien está emocionalmente apegado, muestra su monstruosidad interior.

Capricornio cuando se trata de sexo es competitivo, por esa razón te pedirá que le cuentes toda tu vida sexual, no te avergüences porque él lo que quiere es competir o mejorar eso.

Para mantener una relación con Capricornio, solo tienes que recordar que para Capricornio el amor es como un negocio, y aunque no trabaja para la ovación como lo hacen otros, sí exige reverencias, especialmente de su pareja.

Una vez que una relación pasa de la fase inicial, Capricornio comienza a profundizar en la conexión. Capricornio necesita estar con alguien confiable que también juegue el papel de consejero.

Para este signo, el trabajo es imprescindible para sobrevivir, y es una salida productiva para sus luchas subconscientes internas.

Capricornio estará siempre agradecido por la oportunidad de exponerle sus vulnerabilidades a su pareja, asegurándose así no solo un amante, sino también un amigo.

Capricornio es conocido por su resistencia, y en una relación sería la espera que la tracción de su pareja lo iguale, o lo supere.

Este deseo no es simplemente de ser una pareja poderosa, sino de edificar y mantener una calidad de vida que Capricornio pueda proteger. Nada es más sexual para un Capricornio que el trabajo fuerte. Capricornio detesta las personas vagas, y si tú eres así, no eres su tipo en absoluto.

Cuando Capricornio presiona mucho a su pareja, el resentimiento puede surgir en ambos lados, y para evitar esto, deben tener en cuenta que cada persona se mueve a su propio ritmo y, quizás lo más importante, tiene su propia definición del triunfo.

Si por casualidad Capricornio te comienza a tratar como un asistente, la relación puede está en su punto de desaparecer, y aunque no es mentiroso, si Capricornio decide extraviarse, lo analizará como una investigación de mercado, es decir explorando sus mejores opciones para concluir qué tipo de relación es la más ventajosa.

Al final del día, todo es una negociación para este administrador astrológico, Incluso las situaciones más emocionales pueden ser amortiguadas con una buena oferta. No malinterpreten, si Capricornio cree que una relación cumple sus expectativas, luchará por ella hasta el final.

Pero si descubre que las matemáticas ya no dan los números que está supuesta a dar, se preparará para cerrar el mercado.

Sinceramente es más afectuoso de lo que sugiere su prestigio, pero él nunca trata de convencer a alguien para que se quede si no está interesado en continuar. Si tienes la bendición de asegurar a un Capricornio, tienes garantizada una pareja estable, y leal.

Horóscopo General de Capricornio

Ya casi Plutón termina su trabajo contigo Capricornio porque el 2024 es el último año que estará en tu signo. Plutón ha estado en tu signo casi por diez años, y durante ese tiempo has tomado el control de tu vida.

Este año seguirás ejerciendo el autocontrol, te va a sobrar energía para comenzar nuevos proyectos, y muchas oportunidades aparecerán en tu camino.

Este es un buen año para mejorar tu confianza.

Durante los periodos de Mercurio retrógrado, te sentirás inseguro y pensarás que careces de los recursos que necesitas. Esto puede crearte muchas inseguridades.

Durante los periodos de Lunas llenas en tu signo esas inseguridades y viejos problemas mermarán tu confianza y capacidad de ser creativo. Concéntrate y trabaja para mejorar lo mejor que puedas.

El año termina con una Luna nueva en tu signo por lo que terminas el año con más energía para tus objetivos del 2025. Vas a tener mucho entusiasmo para perseguir nuevas oportunidades.

De todo el zodiaco tu signo será el más impactado por los eventos Lunares en el 2024, este es un gran año para ti que puede regalarte importantes finales, y prometedores comienzos.

El año 2024 será un año de bendiciones Capricornio porque te llegarán muchas oportunidades, pero también retos en tu vida amorosa. Aparecerán algunos problemas en tu vida personal relacionados a tu pareja. Las propuestas de matrimonio llegarán a mediados de año para los solteros.

La buena comunicación, y la confianza te ayudarán a construir relaciones más saludables. El amor y la alegría abundarán en tus relaciones. Ocasionalmente podría haber algunos obstáculos por parte de tus familiares y amigos, por eso debes mantenerte fuerte.

Debes tratar de encontrar un balance entre tu vida profesional y personal.

Las finanzas se ven bien, sin embargo, debes ahorrar un poco. Tus manos estarán llenas de responsabilidades profesionales que te agotarán física y mentalmente. Estarás mentalmente agotado y estresado. Debes deshacerte de tu innata rígides y adoptar una personalidad más sensible, este cambio puede darte la oportunidad de vivir importantes experiencias. No es necesario que demuestres tu valía al mundo, tu actitud lo demostrará. Tus talentos te llevarán al éxito. Da pequeños pasos y con la suerte de tu lado, éste será un gran año en tus finanzas.

Disfrutarás de buenas relaciones con tus familiares y amigos. Confía en tus seres queridos y comparte con ellos.

Algunos problemas de salud podrían perturbar tu ánimo porque habrá momentos en los que te sentirás exhausto. Podrías sufrir dolores en tus articulaciones y crisis nerviosas debido a un régimen de trabajo extenuante. Es aconsejable que estés atento a los síntomas y busques ayuda médica antes de que los problemas se agraven. Un cuerpo y una mente sanos deben ser el objetivo en tu vida. Trata de mantener un estilo de vida sano e implementa hábitos alimenticios saludables junto con cambios en tu estilo de vida. Elimina el estrés de tu vida.

Amor

Los temas de comunicación son los más importantes este año. Tendrás conversaciones serias, y difíciles con tu pareja. Trata de ser comprensivo y compasivo.

Durante los períodos retrógrados de Mercurio vivirás algunos dramas y malentendidos. Ten mucha paciencia, es importante que mantengas la calma.

Los problemas de confianza pueden destruir tu relación si estás en pareja, y las sospechas pueden llevarte a una ruptura. Debes ser paciente y mantener los pies en la tierra.

El sexo estará a la orden del día en la vida de los solteros. Deben tratar de conectarte con sus parejas a nivel emocional también.

Urano estará todo el año en tu área del amor trayendo cambios imprevistos a tus relaciones, si estás soltero, tendrás muchos pretendientes.

Durante los períodos de Luna llena te vas a tomar el amor más en serio, y te acercarás más a aquellos con los que tienes conexiones sólidas.

Durante los periodos de Luna Nueva puedes formalizar nuevos compromisos, o comenzar nuevas relaciones.

Economía

Capricornio, este año tienes numerosas oportunidades de demostrar tu talento en el trabajo. Vas a tener el don de encontrar soluciones a los obstáculos con mucha facilidad.

La comunicación asertiva con tus colegas y tus jefes te pondrá en el camino del éxito. Por eso debes mejorar tus habilidades de comunicación. Si tus metas financieras son grandes, más riesgos vas a tener que asumir durante este año. Apostar por todo es la única forma de triunfar.

Plutón transitará por tu zona del dinero durante el 2024 destruyendo patrones de conducta y hará que empieces de cero si te sientes inseguro, inestable, sin autoestima y no sabes lo que valoras. Esto significa que te pueden quitar dinero o recursos materiales para obligarte a aprender.

Si eres una persona confiada, y estable este puede ser un año de empoderamiento que te trae más control, y podrás crear más prosperidad en tu vida.

Durante los periodos de Luna Nueva debes enfocarte en buscar oportunidades financieras, recuerda utilizar bien tus recursos.

Durante los periodos de Luna llena podrás trabajar para organizar tus planes financieros y tomar decisiones, así como eliminar cualquier bloqueo monetario.

Este año puedes nutrir las formas en que ganas dinero para ganar más, y puedes ser mucho más ingenioso con lo que ya tienes. Puedes crear más abundancia y oportunidades para más tener más éxito económico.

Júpiter va a traer nuevas oportunidades de trabajo a tu vida, recibirás ofertas de trabajo, o comenzarás nuevos proyectos laborales. Si no te gusta lo que haces, este puede ser el año de buscar otro empleo o profesión.

El 25 de marzo se produce un Eclipse Lunar en tu área profesional, este es el momento de lograr algo importante y obtener reconocimiento si has hecho las cosas de la forma correcta y por las razones adecuadas. Si no lo has hecho, este puede ser un tiempo de contratiempos y retrasos, y vas a tener que reevaluar tus planes.

El 2 de octubre, un Eclipse solar en tu esfera profesional te recuerda que es el momento de asumir nuevas responsabilidades. Este Eclipse también te traerá nuevas oportunidades.

Familia

Este es un buen año para hacer cambios sustanciales en tu casa, renovar, redecorar o remodelar, o para regresar a algún lugar donde hayas vivido antes.

Es el año para poner tus cartas sobre la mesa y delimitar los límites con tu familia, lo cual no significa que debas entrar en conflictos, sino todo lo contrario, los demás tienen que entender tus prioridades.

El 2024 será un año para consolidar los vínculos a nivel familiar.

Durante los periodos de Mercurio retrogrado saldrán a la luz problemas existentes en tu hogar y familia. Surgirán pequeños conflictos en tu hogar, no te sentirás a gusto en tu casa. La familia será más exigente contigo y esto puede desgastarte emocionalmente.

Los Eclipses Solares te ayudarán a enfocarte en tu hogar y fortalecer tus lazos familiares.

Los períodos de Luna llena en tu área del hogar y la familia sacarán a la luz secretos familiares. A medida que los resuelvas te sentirás más seguro emocionalmente. Debes utilizar las Lunas Llenas para finalizar proyectos en tu casa.

Salud de Capricornio

El año 2024 no se presenta como un año de muchas complicaciones. Los niveles de estrés mal canalizados son los que te pueden traer molestias como depresión, e insomnio.

Tu principal punto disruptivo es la alimentación. Debes cuidar tus defensas, trata de hacer ejercicios constantemente y vigila tú alimentación. Limita la cantidad de alimentos picantes y bebe más agua

Debes acudir a tus chequeos médicos de rutina, visitar el dentista y controlar tus niveles de colesterol.

Deben solucionar sus problemas emocionales. Una buena opción es que trabajes temas complejos con un psicólogo o terapista.

A finales de año, te vas a obsesionar con tu aspecto físico y querrás cambiar tu imagen. Intenta no angustiarte por nada, ya que es tu corazón, quien sufre. Cuida tus huesos y la piel, y no olvides que tu espalda es un poco frágil y necesitas fortalecer tus músculos.

Fechas Importantes para Capricornio

01/ 04- Marte entra a Capricornio.

01/11- Luna Nueva en Capricornio

01/14- Mercurio entra en Capricornio

01/20- Sol en conjunción a Plutón en Capricornio

01/23- Venus entra a Capricornio

06/22- Luna Llena en Capricornio

09/01- Plutón entra en Capricornio

10/12- Plutón directo en Capricornio

11/ 11- Venus directo en Capricornio

11/ 15- Saturno directo en Piscis

12/ 21- Sol entra en Capricornio

Acuario

Acuario, simbolizado por el portador de agua, que otorga vida a la tierra, Acuario es un signo de aire honorable.

Progresista, y rebelde, existe para agitar el orden. Acuario cree en la justicia y la equidad, y para este pensador, todo es social o político.

Él cree que toda acción tiene una reacción y, del mismo modo, todas sus elecciones reflejan una moraleja. Rebelde de corazón, este signo de aire desprecia la autoridad y se apresura a rechazar todo lo que represente convencionalidad.

Él realmente piensa que los cambios de perspectiva mejoran el bien común, y no teme de hacer sonar algunas campanas donde está involucrada la justicia social.

Esta insólita forma de vida es inspiradora para quienes lo rodean, y a él le encanta demostrar que siempre se puede soñar en grande. Si te has topado con un obstáculo en un proyecto, Acuario tiene la solución.

Acuario está regido por Urano, el planeta que rige la innovación, la tecnología y los eventos impactantes.

Realmente tiene un don para el avance, por lo que a menudo se le llama el niño maravilla del zodíaco. Inteligente y ansioso por el cambio, siempre está dos pasos por delante de la sociedad moderna. Su terquedad es su talón de Aquiles.

La persistencia de Acuario se conecta claramente con sus doctrinas fuertes y justas, y este rasgo se ahoga tan pronto como tiene la ocasión de proclamar un cambio positivo.

Dado que Acuario está siempre tan motivado por la igualdad, le trabajar en equipo y en comunidades de personas con ideas afines.

Acuario necesita mucho espacio para reflexionar, formar ideas y planificar su papel dentro de cualquier causa que esté defendiendo, la libertad, tanto en la teoría como en la práctica, es super importante para este signo.

De hecho, cualquiera que desafíe la libertad de Acuario es su contrincante. Como ves, es difícil enamorar a Acuario, ya que está concentrado en la sociedad en su conjunto, y no en una pequeña plática con una persona. No obstante, aunque no quiera admitirlo, es un individuo de sangre caliente que también necesita afecto.

Debido a que Acuario no es un ser tan físico, el amor se parece mucho a la amistad, a él le encanta pensar fuera de lo normal, por lo que su enfoque de las citas es poco convencional.

En lugar de las citas tradicionales, considera algo que se adapte a sus intereses personales, pero también recuerda que Acuario piensa que cada interés, y pasatiempo debe reflejar la ética de una persona, así que asegúrate de averiguar exactamente lo que disfruta antes de hacer cualquier reservación.

Lo más importante que hay que acordarse sobre el romance con Acuario, es que necesita espacio personal en cantidades. El tiempo a solas es esencial para este signo, de hecho, se rebelará si se siente encerrado.

En caso de dudas, retorna y espera que Acuario venga a ti. Recuerda, aunque es distante, la verdad es que le importas mucho, solo tiene su forma única de expresar estos sentimientos.

Acuario es excéntrico, por lo que odia ser etiquetado y categorizado, y es especialmente excitado por personas que tienen estilos poco convencionales que combinan diferentes apariencias.

Con la cabeza tan alta en el cielo, no es de asombrarse que este signo tenga una reputación de ser distante cuando se trata de relaciones íntimas.

Sin embargo, aunque a menudo está más preocupado por lo abstracto, que, por los deseos carnales, no te engañes porque Acuario ama el placer, y sabe lo que quiere.

Estimula a tu amante Acuario cambiando los roles, experimentando con deseos ocultos y explorando nuevas formas de expresar tu sexualidad individual, y como e Acuario está relacionado con la tecnología, los últimos dispositivos de placer lo estimularán más que tus fantasías.

Aunque es difícil equilibrar su necesidad de libertad, con las necesidades de la relación, cuando Acuario se compromete, entiende que todo es una negociación.

Fundamentalmente, él quiere que las cosas sean equitativas, no que sus preferencias dominen la relación. Así que cuando mantengas una relación con Acuario, experimenta con la creación de diferentes parámetros juntos.

Recuerda que estar separados de vez en cuando no significa necesariamente distancia emocional, un poco de separación ayuda a profundizar el amor y la confianza, estableciendo las bases para una relación concreta.

También es importante tener en cuenta que a pesar de que Acuario expresa sus emociones de maneras inusuales, tiene sentimientos, el hace todo lo posible para ser una pareja atenta y amable, y dependerá de tu apoyo.

Horóscopo General de Acuario

Bienvenido a bordo Acuario. El 2024 será un año con mucha diversión y todos tus deseos se cumplirán gracias a los eventos planetarios que tendrán lugar en tu signo zodiacal.

Durante este año te enfocarás por completo en ti y definirás una nueva identidad y retos personales sin dejarte influenciar por las expectativas de las personas que te rodean. Durante este año tendrás el apoyo de tu familia y amigos.

Tus finanzas estarán en una montaña rusa, por eso debes ser cuidadoso con las inversiones financieras, ya que puedes tener pérdidas y problemas. habrá situaciones que preferirías evitar. Es posible que tu credibilidad sea cuestionada y esto dañe tu prestigio.

Algunas personas de tu entorno y colegas de trabajo te decepcionarán ya que te expondrán a intrigas y mentiras. Trata de tener paciencia con estas situaciones para que todo termine bien.

Durante este año recibirás algunas lecciones importantes, por eso debes tener paciencia y no preocuparte por cuestiones triviales.

Si estás soltero podrías conocer a una de tus almas gemelas y establecerían conexiones muy profundas. Tendrás inmensas oportunidades para triunfar, pero vas a tener que tomar algunas decisiones importantes con respecto a los negocios y es posible que algunos deban separarse de su familia debido a su trabajo.

Debes cuidar tu salud y ser constante en tus esfuerzos hacia los buenos hábitos, mantente alejado de las prácticas alimentarias poco saludables y sigue una rutina saludable combinada con ejercicios físicos. Debes mantenerte alejado de todo lo que te cause estrés y tensión, ya que esto podría afectar tu salud emocional. Si tienes problemas para dormir y descansar no tomes medicamentos, trata de practicar la meditación.

Plutón va a regresar a tu signo en el 2024, ayudándote a encontrar tu poder personal, y fortaleciendo tu voluntad. Puedes nutrir lo que te apasiona, tener más abundancia a tu vida y ser más creativo. Vas a tener más confianza y tu fuerza será poderosa. No dejarás que nadie, ni nada te derribe. Esto también será bueno para los asuntos de dinero y puede aumentar tu prosperidad. Tendrás nuevas oportunidades y un capítulo completamente nuevo en tu vida podría estar esperándote.

Durante los periodos de Luna llena debes ocuparte de tus necesidades emocionales, porque puedes estar más sensible y frustrado. Cuídate y podrás sentirte tranquilo. Trata de concentrarte en el amor por ti, no permitas que las circunstancias externas te depriman. Debes tomar distancia en tus relaciones personales y sentimentales para que puedas abordar tus compromisos con conocimiento de causa. Debes entender que muchas personas no piensan como tú.

Los conflictos familiares serán cosa del pasado ya que se llegarán a acuerdos importantes en tu hogar.

Tendrás varias rupturas con personas tóxicas, si tienes pareja sucederán muchos altos y bajos debido a que una tercera persona se involucrará en tus decisiones. Es importante que soluciones ese conflicto.

Si no tienes pareja, es el año para cerrar etapas sentimentales y enamorarte de nuevo, y vivir plenamente el amor.

Durante los periodos de Eclipses utiliza todos tus conocimientos profesionales para puedas moldear tu camino. No finjas ignorancia por temor a no expresar lo que sabes, demuestra que eres profesional.

Amor

Un año de mucho amor donde te darás cuenta de que los dolores del corazón no tienen sentido cuando se tienen personas buenas a tu lado.

Sino tienes pareja hay una melancolía que te impide avanzar y conocer personas nuevas. El sabor de un amor del pasado te ha dejado una herida muy profunda. Deja ese rol de víctima en el que tan cómodo te sientes, mereces más que eso y alguien llegará a tu vida para hacértelo entender.

Cualquier amor del pasado debe quedar en el olvido y cuando la pasión llegue a tu vida te sentirás arrepentido de no haberte atrevido antes a romper con esos patrones de conducta.

Quienes tienen pareja se verán beneficiados durante el año ya que dejaran atrás los rencores provocados por las diferencias o por los errores que cada uno ha cometido, un año más positivo en el romance y la pasión. Por supuesto que habrá algunos malentendidos sin importancia que traerán incomodidad en la pareja, pero todo se arreglará después de largas conversaciones y de acuerdos en los que ambas partes saldrán beneficiadas.

Economía

Este año tienes la oportunidad de afianza tu economía, y aprender más técnicas de tu profesión que te permitirán triunfar.

Si estás en busca de trabajo, apela a todos tus recursos para que lo encuentres, incluso pude ser que recibas la recomendación de alguien conocido. La mejor forma de llegar al éxito es adaptándose a los cambios y resolviendo los problemas, pero sin perder la paciencia.

Este es un año de abundancia, donde podrás comprar algo de valor que siempre has querido, probablemente una casa o invertir en un negocio. Algunos de los desafíos en tus finanzas los podrás vencer a través de tu creatividad.

Los problemas de dinero pueden resolverse si desarrollas un presupuesto y encuentras formas de administrar mejor tus recursos. Es posible que recibas una bonificación o tengas suerte en los juegos de azar.

Existe la posibilidad de que decidas comprar un auto nuevo, o que recibas beneficios u oportunidades a través de viajes cortos, mensajes, correos electrónicos, o de contactos con colegas y vecinos. Debes mantener los ojos abiertos a las oportunidades.

Familia

Serás indispensable para tu familia, y eso te consumirá mucho tiempo que quizás podrías dedicar a divertirte. Tu sentido de la responsabilidad será exigido al máximo y tendrás la oportunidad de ser un ejemplo para seguir, algo que te encanta ser. Recuerda que tu familia necesita saber que puede contar contigo, si te muestras distante y tienes tu aire de superioridad será difícil.

Urano pasara por en tu área del hogar, y esto puede significar con cambios en tu vida familiar. También puede ser que te mudes a un lugar más grande cuando Júpiter transite esa área a principios de mayo.

Durante los periodos de Luna llena finalizarás los proyectos de tu hogar, pero también es posible que tengas que resolver problemas familiares.

El caso es que pasarás por una metamorfosis psicológica, y serás testigo de una renovación espiritual a nivel familiar.

Salud de Acuario

Esta año te darás cuenta de que has errado en algunas decisiones, no te deprimas a causa de ello. Debes crecer, madurar, atreverte a cambiar tu estilo de vida y tomar decisiones más firmes para lograr tener una salud optima.

Quizás des un paseo por el quirófano, pero será algo sin importancia y tu recuperación será rápida.

Debes depurar tu organismo y limpiarlo, cuidar tu colon, estómago, y la vesícula. Les conviene ir al quiropráctico, para que les acomode los huesos a través de la reflexología. Practicar yoga y meditación te ayudará a equilibrar tu cuerpo física y espiritualmente.

Debes mantener relaciones sexuales moderadamente, dormir tus horas y desconectar de las responsabilidades.

Fechas Importantes

01/20 Sol entra en Acuario

01/21 Plutón entra en Acuario

02/ 09- Luna Nueva en Acuario

02/ 13- Marte entra en Acuario

02/ 16- Venus entra en Acuario

05/02- Plutón Retrogrado en Acurio

06/ 29- Saturno retrograde en Piscis

08/19- Luna Llena en Acuario

11/ 19- Plutón entra en Acuario

Piscis

Piscis está simbolizado por dos peces nadando en direcciones opuestas, conectados por un hilo invisible, una representación de su existencia en la encrucijada de la utopía y lo real.

Es el último signo del zodíaco, y por esa razón Piscis ha acumulado todas las lecciones experimentadas por los once signos delanteros.

Es el signo más espiritual en la rueda zodiacal. Apacible y cortés, pero arisco como un espécimen que vive las aguas profundas del océano.

La nebulosidad de Piscis está regida por Neptuno, el planeta que controla la creatividad y los sueños, así como la utopía y el escapismo. Neptuno es fastuoso, fascinante, pero en ocasiones puede ser espantoso.

Estas propiedades se reflejan íntimamente en Piscis. Como signo de agua, tiene una profundidad enormemente multidimensional y una magia que lo hace seductor para los demás.

Al igual que el mar alterna sus olas, a veces está tranquilo, fantaseando con el mañana y recapacitando sobre las almas y los sucesos de su vida, y en otras ocasiones, es enérgico y violento, desenlazando sus recónditas sensibilidades en grandiosas corrientes.

Como el mar es una fuerza poderosa y peligrosa, antes de empezar la hazaña de conquistar a Piscis afiánzate y prepárate para toda la escala de sustos que se te aproximan.

Devoto a su método, Piscis nunca tiene desconfianza de cambiar su opinión, es más, disfruta de la ocasión de acoger nuevos puntos de enfoques e ideas.

Piscis no es rencoroso, puede tener el conflicto más grande del mundo y borrarlo completamente de su mente. Piscis también ayuda a otros a ver la vida desde nuevos enfoques, y puedes contar con él para ayudarte en cualquier circunstancia.

Él siempre anda indagando sobre nuevos métodos para ampliar sus horizontes, y a Piscis le encanta impulsar su espiritualidad a través de costumbres que cambian la imaginación, incluso si eso significa perseguir una sirena en un pantano, ya que el cómo último signo zodiacal, él está muy seguro de que la realidad es verdaderamente intangible. Este signo es una esponja emocional, atrayendo definitivamente todo en su medio ambiente, incluso lo que existe en el plano sutil.

Con una empatía tan grandiosa, antes de que Piscis entre en una nueva relación, debe tomarse tiempo para repasar sobre cómo se siente realmente, observando cualquier molestia, y si las cosas se sienten raras, es muy seguro que absorbió las energías oscuras del campo áurico de la otra persona.

Si Piscis logra identificar de donde proviene esta tensión, será más fácil para el reconocer cómo los sentimientos de los demás lo afectan físicamente.

Esto lo puede ayudar a concentrarse en establecer líneas divisorias y evitar ser agobiado por las dificultades de otros en el futuro.

Piscis es un alma afable, afectuosa y pura que se vivifica con los sueños, la música y, el amor. Salir con un Piscis es como bucear en las partes más profundas del grandioso océano, es apasionante, y misterioso.

Piscis fluye instintivamente hacia personas poco convencionales que marchan al ritmo de sus propios tambores. Sin embargo, eso no significa que su pareja ideal sea un desheredado social.

Realmente Piscis, prefiere parejas que estén afiliadas a comunidades innovadoras y liberales. Cuando se trata de una cita nocturna con Piscis, piensa visitar una ópera, recorrer una galería de arte o anotarte en un taller de artes plásticas.

Él es influenciado por las experiencias, fundamentalmente aquellas que implican potestades no orales y no corporales, de hecho, cualquier experiencia con el espiritual Piscis está confirmada para implicar una profunda exploración subjetiva.

Con el paso del tiempo e interactuando, puedes investigar con exactitud qué tipos de prácticas puede o no soportar tu pareja de este signo, pero al comienzo de tu compromiso, evita cualquier cosa exorbitante.

Esta criatura perceptiva no puede tolerar nada tosco.

Con esta personalización considerablemente espiritual y emocional, el apareamiento pisciano es hondamente sentimental, esta criatura de aguas profundas entiende las relaciones íntimas como la alianza de dos almas sublimes y correctas.

Piscis puede tener sexo imprevisto, pero escoge estar con alguien que le importe sinceramente antes de caer tan bajo.

Este signo sensible tiene problemas para crear fronteras ya que los limites no existen en el mar. Tener una relación casual con Piscis es como viajar a otra galaxia, y es mucho más difícil embarcarse por sus mareas dentro de una relación establecida.

Estructurar una relación duradera con Piscis es un arte, requiere intrepidez, ímpetu y adaptación. Piscis funciona en su particular realidad, por lo que no es de extrañar que este soñador signo de agua pueda ser un poco áspero.

Él puede hacer planes para el futuro contigo querer comprar una casa o tener un hijo, y después al cabo de un tiempo cambiar su mente.

Esto es decepcionante, pero no vale la pena enfrentar a Piscis sobre su conducta poco honesta debido a que carece de armazón emocional, su única protección es huir nadando, y si no lo sabias Piscis es proclive a dejar la embarcación al menor ataque.

En una relación, Piscis debe acordarse que las emociones de su pareja deben ser comunicadas, puede ser difícil para él admitir algo que no desea escuchar, pero la comunicación es la clave para que la relación no se pierda.

Si sientes que tu pareja Piscis está comenzando a apartarse, una manera de atraerlo es a través de la música.

A simple vista luce como algo simple, pero las cosas personalizadas definitivamente capturarán el corazón de este pececito y lo ayudarán a restablecer su confianza en la relación.

Sin embargo, si una relación llega al punto de no regreso, Piscis se aislará calladamente.

El prefiere no luchar con el problema, por lo que su forma preferida de ruptura es a menudo vaga y no definitiva.

Horóscopo General de Piscis

Si quieres realizar un cambio radical en tu vida, establecerte por tu cuenta o en forma independiente, y reafirmar tu individualidad, éste es el año para hacerlo.

La influencia de los planetas te volverá intrépido y valiente, pero también te hacen propenso a accidentes. Todos los accidentes serán producto de tus acciones precipitadas o impulsivas, ya que tu deseo será aventurarte sin tener en cuenta las consecuencias, o los pro y los contras que puedan aparecer en el camino.

Los demás tenderán a calificarte de egoísta o egocéntrico lo cual no siempre será errado, ya que tu interés estará más centrado en tus asuntos que en los de los demás. Además, te mostrarás mucho más autoritario que antes, y tenderás a imponer tus opiniones.

Este es un año apto para lograr los objetivos que te propongas. Serás muy constante y mostrarás mucha autoridad para imponer tus ideas. Tus ambiciones serán fuertes y precisas, y no le darás lugar a los miedos, ni a la inseguridad.

Es importante que utilices tu discernimiento y selecciones entre tus metas cuáles son las principales y cuáles las secundarias. El orden, el método, la organización y el trabajo constante son las palabras claves para tener éxito durante este año.

Es probable que también surjan problemas difíciles de resolver, adversarios que representen un desafío para tu capacidad, o que tengas que lidiar con jefes o personas con autoridad que no sean tan lógicos y que representen un obstáculo para tu vida.

El destino pondrá a prueba tu tenacidad y confianza. El éxito no será gracias a la suerte, sino a tu trabajo constante.

En tu hogar puedes encontrar un clima afectivo que te servirá de apoyo. No dejes que tus ambiciones y asuntos materiales enfríen tu parte emocional.

Neptuno, permanecerá en tu signo durante todo el 2024, amplificando la energía natural de Piscis, haciéndote más intuitivo, espiritual, imaginativo, compasivo, empático y creativo. Saturno también estará en tu signo durante todo el 2024, restringiendo parte de esta energía, queriendo que estés más centrado y en control.

Tendrás más responsabilidades en el 2024 gracias a Saturno, y esto puede parecer limitante y sofocante a veces, es posible que tengas algunas lecciones que aprender, que te ayuden a crecer de nuevas formas.

Durante los periodos de Luna nueva tendrás oportunidades para tomar la iniciativa de ir por lo que quieres. Asegúrate de ser disciplinado y no apresurarte con Saturno al mismo tiempo que escuchas tu intuición con Neptuno.

Los Eclipses de Luna puede serán momentos finales. Puede haber un gran final de algún tipo, algo en lo que has estado trabajando durante algún tiempo y estás listo para terminar, o puedes deshacerte o dejar ir algo importante que te ha estado frenando o agobiando.

Puedes ver los resultados de tu trabajo, y esto significa que serás recompensado si has hecho las cosas de la manera correcta y por las razones correctas, o puedes tener algunos contratiempos si necesitas cambiar tu enfoque. Tus emociones pueden ser fuertes y profundas, y es probable que necesites prestar más atención a tus deseos y necesidades.

Piscis el 2024 te trae muchos cambios positivos, es un período en el que estarás avanzando y vas a tener la oportunidad de ejercer todo tu potencial a lo largo del año gracias a las vibraciones positivas a tu alrededor. Este año marca el comienzo de una nueva vida para Piscis.

El trabajo duro y la dedicación te permitirán terminar el año con éxito.

Concéntrate en el futuro y aprovecha cualquier oportunidad que se te presente este año. Evita las preocupaciones y ansiedades que podrían desgastarte. Canaliza tu energía hacia áreas positivas y logra el equilibrio en tu vida.

Amor

Este año estará lleno de aventuras, compromisos emocionales y responsabilidades que pueden revelar un lado diferente de tu personalidad. Es posible que te sientas abrumado por los acontecimientos que suceden a tu alrededor, pero con el tiempo te adaptarás al ritmo de la vida.

Tus perspectivas sobre las relaciones, el equilibrio entre el trabajo y la vida personal, pueden cambiar significativamente, porque estás entrando en una nueva fase de tu vida.

Durante los periodos de Luna llena te tomarás más en serio tus compromisos. Es posible que estes más comprometido emocionalmente. Si sientes que no tienes una buena conexión con alguien, es posible que sientas la necesidad de alejarte por completo.

Durante los periodos de Luna nueva ocurre en tu sector amoroso el 5 de julio, le darás la bienvenida a más amor a tu vida. Puedes pasar más tiempo con las personas que amas y compartir el amor que sientes. Si estás en una relación, puedes traer más romance. Si eres soltero, puedes llamar mucho la atención y disfrutar divirtiéndote.

Durante los periodos de Mercurio retrógrado cualquier problema existente en las relaciones puede empeorar.

Si estás soltero la mayor parte de tu atención se enfocará en tu crecimiento como persona, lo que significa que no estarás tan interesado en encontrar a tu alma gemela durante el 2024.

Este podría ser el año donde comiences a salir con varias personas a la vez para compararlas entre sí. No hay nada de malo en este comportamiento, pero asegúrate de no cometer un error para que no envíes un mensaje de texto a la persona equivocada o vayas a el lugar equivocado en el momento equivocado.

Si tienes pareja pueden surgir problemas de comunicación, por lo que es vital expresar tus sentimientos con honestidad. Además, las viejas heridas y las emociones no resueltas pueden resurgir, desafiándote a enfrentarlas y sanarlas. Recuerda, que estos desafíos son oportunidades de crecimiento, y solo harán que tu amor sea más fuerte.

A medida que avanza el año, prepárate para algunos eventos inesperados en tu vida amorosa. Es posible que se reavive un viejo amor o que te cruces con alguien que sientas que ha salido de tus sueños.

Abraza estos encuentros con el corazón abierto, ya que tienen el potencial de cambiar tu vida amorosa de forma notable.

Economía

Este año 2024 es un viaje a las mareas de la prosperidad porque tu atención será en el área monetaria. Este año te promete olas de oportunidades, tu creatividad innata y tu naturaleza intuitiva te servirán como activos valiosos en el mundo financiero. Tus ideas innovadoras pueden dar lugar a flujos de ingresos inesperados, y las inversiones realizadas con organización pueden producirte grandes ganancias.

Sin embargo, es posible que te encuentres con gastos inesperados o contratiempos financieros. Es esencial que tengas un presupuesto y ahorres para los días malos. Debes ser cuidadoso con los negocios arriesgados y recordar que no todas las oportunidades son tan prometedoras como parecen.

Mantente alejado de los gastos impulsivos y apégate a un plan financiero. Tu intuición puede ayudarte a tomar decisiones financieras, pero también podría llevarte a compras impulsivas motivadas por tus emociones. Es esencial que logres un equilibrio entre tu corazón y tu billetera. Reflexiona antes de hacer compromisos financieros significativos.

Considera la posibilidad de destinar recursos a tu desarrollo personal, invertir en tu educación podría conducirte a un crecimiento financiero a largo plazo. Este podría ser el año en el que aprender una nueva habilidad sea muy provechoso, ya sea aumentando tu potencial económico o abriéndote a nuevas trayectorias profesionales.

Durante los periodos de Luna llena verás los resultados del trabajo que has realizado y trabajarás para eliminar los bloqueos que te han impedido avanzar y eliminarás cualquier problema que se haya interpuesto en tu camino.

Durante los periodos de Mercurio retrogrado tendrás mucha energía y enfoque que te permitirá traer la abundancia de vuelta a tu vida. También puedes reiniciar proyectos laborales o retomar un proyecto antiguo en el que no llegaste a trabajar.

Es importante que hagas un trabajo en el que estés emocionalmente involucrado, que te apasione, que disfrutes y que te satisfaga, de lo contrario, este puede ser un año bastante desafiante a nivel profesional. Si no tienes eso, es probable el año 2024 te obligará a hacer un cambio.

Familia

Este año promete una mezcla de amor, crecimiento y desafíos en tu vida familiar, brindándote oportunidades para superar los obstáculos.

Llegará a tu núcleo familiar una persona que refrescará el ambiente, traerá esa energía que todos necesitan. Su enfoque será exactamente opuesto al tuyo, pero traerá armonía y conexión dentro de tu familia.

Tu compasión natural y tu naturaleza empática brillarán, convirtiéndote en el pacificador de los desacuerdos familiares.

Sin embargo, prepárate para algunos desacuerdos o malentendidos. Tu naturaleza empática te puede llevar a absorber las cargas emocionales de los demás, lo que puede afectar tu bienestar. Establecer límites y una comunicación abierta son clave para superar estos desafíos y mantener la armonía familiar.

Considera participar en actividades compartidas para fortalecer la unidad de tu familia. Acepta el cambio como una oportunidad para una transformación positiva dentro de tu hogar, fomentando un ambiente de comprensión.

Debes prioriza el tiempo de calidad con tus seres queridos. Desconéctate de las distracciones.

Salud de Piscis

En el 2024, las estrellas se alinean para proporcionarte mucha energía y vitalidad, lo que te permitirá tener una buena salud y también mucho entusiasmo.

Este es un año excelente para establezcas una rutina de ejercicios que se adapte a tus preferencias. Una dieta equilibrada y mantenerte hidratado aumentarán aún más tu bienestar. El cuidado personal debe ser tu prioridad.

Debes controlar el estrés y las fluctuaciones emocionales, tu carácter empático puede conducirte al agotamiento emocional, por lo que debes establecer límites.

El exceso de trabajo puede afectar tu salud, así que asegúrate de tener descansos y vacaciones regulares para que puedas recargar tus energías. Prioriza dormir lo suficiente, y explorar prácticas holísticas.

Puedes tener problemas con el sistema digestivo y aumentar de peso.

Fechas Importantes

02/19 El Sol entra en Piscis

02/23 Mercurio entra en Piscis.

02/28 El Sol en conjunción a Saturno en Piscis.

03/10 Luna Nueva en Piscis

03/17 El Sol en conjunción a Neptuno en Piscis.

03/22 Marte entra en Piscis.

06/29 Saturno Retrogrado en Piscis

07/02- Neptuno retrogrado en Piscis

09/18- Luna Llena y Eclipse Parcial Lunar en Piscis.

11/15 Saturno directo en Piscis

12/07 Saturno directo en Piscis.

Colores de la Suerte para cada Signo Zodiacal

Los colores nos afectan psicológicamente; influyen en nuestra apreciación de las cosas, opinión sobre algo o alguien, y pueden usarse para influir en nuestras decisiones.

Las tradiciones para recibir el nuevo año varían de país a país, y en la noche del 31 de diciembre balanceamos todo lo positivo y negativo que vivimos en el año que se marcha. Empezamos a pensar qué hacer para transformar nuestra suerte en el nuevo año que se aproxima.

Existen diversas formas de atraer energías positivas hacia nosotros cuando recibimos el año nuevo, y una de ellas es vestir o llevar accesorios de un color específico que atraiga lo que deseamos para el año que va a comenzar.

Los colores tienen cargas energéticas que influyen en nuestra vida, por eso siempre es recomendable recibir el año vestidos de un color que atraiga las energías de aquello que deseamos alcanzar.

Para eso existen colores que vibran positivamente con cada signo zodiacal, así que la recomendación es que uses la ropa con la tonalidad que te hará atraer la prosperidad, salud y amor en el

2024. (Estos colores también los puedes usar durante el resto del año para ocasiones importantes, o para mejorar tus días.)

Recuerda que, aunque lo más común es usar ropa interior roja para la pasión, rosada para el amor y amarilla o dorada para la abundancia, nunca está demás adjuntar en nuestro atuendo el color que más beneficia a nuestro signo zodiacal.

Aries

Verde

***Palabras claves del color verde**: armonía, crecimiento, fertilidad, estabilidad, y resistencia.*

El verde es afín con la naturaleza y tiene la capacidad de conectarnos con ella. Nos ayuda a empatizar con los demás personas encontrando de una forma natural y fluida las palabras justas.

El verde es un color que simboliza la naturaleza y la vida, siendo asociado con el crecimiento y la armonía.

Es un color que transmite sensación de equilibrio y frescura, muy utilizado en ambientes que buscan promover la tranquilidad y la serenidad.

Es el color que buscamos inconscientemente cuando estamos melancólicos o acabamos de pasar un trauma.

El verde nos aporta un sentimiento de confort y alivio, de quietud y paz interior, que nos hace sentir serenos interiormente.

Meditar con el color verde, es como tomarse un medicamento, para sanar las emociones.

Este color se utiliza como para relajarse. Representa la certeza, la estabilidad, y el equilibrio, ayuda a sentirse más tranquilo. Es utilizado en casos de insomnio, fatigas, dolores de cabeza, y nerviosismo, ya que disminuye la presión sanguínea y baja el ritmo cardíaco.

El verde simboliza la juventud, y la vida, pero también representa la acción. Los artistas y expertos coinciden en señalar que una casa o estancia pintada con un color verde suave favorece el descanso y bienestar.

Tauro

Marrón

***Palabras claves del color marrón**: firmeza, realismo, prudencia, fertilidad.*

El color marrón es el color de la Tierra.

Este color aporta el sentido de la seguridad y aleja la incertidumbre.

Sin embargo, también se relaciona con la limitación emocional y el miedo al mundo exterior, también a la dificultad de mirar objetivamente al futuro.

Usualmente se relaciona el color marrón con la falta de valoración, o falta de conocimiento sobre uno mismo. El color marrón aporta gran equilibrio, se utiliza en tratamientos para ayudar a las personas que son inseguras e inestables, ya que transmite sentimientos de seguridad a los seres humanos. Simboliza a las personas con habilidades en asuntos económicos, como las inversiones en la Bolsa o la gestiones de negocios.

Géminis

Amarillo.

Palabras claves del color amarillo: *Felicidad, alegría, inteligencia, innovación, energía fortaleza, y poder.*

El color amarillo te aportará felicidad porque es un color brillante, alegre, que simboliza el lujo y el cómo estar de fiesta cada día.

Se asocia con la parte intelectual de la mente y la expresión de nuestros pensamientos.

Cuando utilices este color obtendrás un toque extra de energía, calidez, y un semblante juvenil. Este color cálido atraerá la atención de cualquier persona que este al lado tuyo y llenará de energía los espacios donde tu estes presente.

El amarillo beneficia la concentración y la memoria.

Cáncer

Rojo

***Las palabras claves del color rojo**: Atracción, amor, pasión, deseo, amor. El rojo simboliza el poder. Este color se relaciona con la vitalidad y la ambición. También se relaciona con la fuerza, la determinación y el poder, y se utiliza para llamar la atención*

El rojo aporta confianza, coraje y una actitud optimista ante la vida. Tiene un aspecto negativo: puede expresar rabia. Si estamos rodeado de demasiado rojo, puede influirnos negativamente y volvernos irritables, impacientes e inconformes.

Si usas el color rojo te sentirás seguro y listo para llamar la atención en cualquier lugar que entres. Aunque carezcas de autoconfianza, tu aura absorberá la energía positiva del color rojo y todos se sentirán atraídos hacia ti.

Existe un fenómeno denominado "efecto rojo" el cual sugiere que las personas que utilizan el color influyen en las percepciones de los demás.

Leo

Rosa

Las palabras claves del color rosa: *inocencia, amor, entrega total, y ayuda al prójimo.*

El rosa es un color emocionalmente relajado e influye en los sentimientos convirtiéndolos en amables, suaves y profundos.

Nos hace sentir cariño, amor y protección. También nos aleja de la soledad y nos convierte en personas sensibles.

Así como el rojo refleja más la parte sexual, el rosa se asocia al amor altruista y verdadero.

Rosado es el color del amor universal, el amor a uno mismo y a los demás, la amistad, el afecto, la armonía, la paz interior.

Utiliza el color rosa cuando quieras alentar una ya relación, sea amistad o romántica.

Virgo

Gris.

***Palabras claves del color gris**: permanencia, grandeza, grandes dotes organizativas, dotes humanitarias, aislamiento, libertad.*

El color gris se relaciona con la autosuficiencia, y el autocontrol, porque es un color que actúa como escudo contra las influencias externas y posee la capacidad de enlazar el mundo material con el espiritual. El gris es un color neutro, y se considera que representa la sabiduría.

Nos ayuda a llegar a un estado de armonía entre dos extremos, de forma que podemos ver las cosas desde una perspectiva mucho más amplia. Esto nos beneficia ya que podemos entender mejor la realidad y ver la vida desde una perspectiva más imparcial.

El gris también nos ayuda a perseverar y ser neutrales durante eventos difíciles, de modo que podamos tomar decisiones sin ser influenciados por nuestras emociones.

Este color te ayudará a conectarte con tu verdadera esencia, y podrás ver la vida desde un enfoque más amplia. Podrás encontrar el equilibrio entre tus deseos y necesidades, y gracias a eso vas a hacer decisiones sabias y vivir una vida plena.

Es un tono muy elegante que puedes combinar no solo en tus ropas sino también en el diseño de tu hogar combinado con otros colores.

Libra

Azul

Palabras claves del color azul: *estabilidad, confianza, sabiduría, inteligencia, fe, verdad, eternidad.*

El azul es un color tranquilizante y se relaciona con la mente, con la parte más intelectual.

El azul nos hace sentir relajados y tranquilos, como el oscuro mar durante la noche.
El azul nos hace sentir protegidos de todo el alboroto y las actividades diarias y es aconsejable contra el insomnio.
El azul ayuda a controlar la mente, a tener claridad de ideas y a ser creativos. Se le atribuye la cualidad de ser un color puro, por eso lo relacionan con la estabilidad y la confianza.

Observar un objeto azul durante unos minutos reduce la ansiedad y la tensión, y meditar con una vela azul ayuda a mejorar la comunicación.

Desde la antigüedad, este color ha sido símbolo de la conexión entre el cielo y la tierra ya que representa la divinidad. Este color nos conecta con la sabiduría, el amor y la compasión, y nos ayuda a encontrar la verdad.
Representa la serenidad, ya que favorece el equilibrio de las energías, sirve para protegerse contra las energías negativas y para purificar la mente y el cuerpo.

Escorpión

Dorado

Palabras claves del color dorado: *realeza, símbolo del dinero, riqueza, evolución espiritual, fortaleza.*

El color dorado está relacionado con la abundancia y el poder, con los grandes ideales, la sabiduría y los conocimientos.

Es un color que revitaliza la mente, y las energías, aleja los miedos y las cosas superfluas.

El color dorado es excelente para la depresión y equilibra la mente.

Si utilizas este color te ayudará a atraer la buena suerte y prosperidad, a creer en ti mismo y a tener fe en tu futuro.

El color dorado simboliza prosperidad, éxito y optimismo, por eso te inspirará a cultivar una actitud positiva hacia la vida animándote a buscar una conexión con el universo y te recordará que la luz interior es la fuente de nuestra verdadera felicidad.

En Egipto el color dorado era utilizado por los faraones ya que simbolizaba la luz espiritual, la vida y el renacimiento porque ellos creían en la reencarnación.

Se asocia con todas las divinidades de todas las culturas ya que simboliza la riqueza, y el triunfo.

El color dorado aumenta la autoestima, la confianza y la creatividad.

Sagitario

Naranja

Las palabras claves del color naranja son: *energía, alegría, felicidad, y creatividad.*

El naranja es un color alegre que ayuda a liberar las emociones negativas. Utilizarlo te hará sentir seguro, y comprensivo con los defectos de las otras personas.

El naranja es un color que estimula la mente, renueva las ilusiones y es antidepresivo.

El color naranja es muy y utilizado en el budismo, ya se asocia con el chacra sacral, y se relaciona con la sexualidad, creatividad y pasión. Este chacra se asocia con el elemento agua y ayuda a equilibrar las emociones y a aumentar las energías vital.

Capricornio

Magenta **(*conocido como fucsia, color de dicha flor*)**

Palabras claves del color magenta*: entrega, ayuda, bondad, creatividad, independencia, tolerancia. dignidad, serenidad.*

Cuando uno se siente desanimado, preocupado, enfadado o frustrado, el color magenta nos saca de ese sentimiento o actitud, y deja que nuestro espíritu emerja.

Este color durante siglos ha sido asociado a la espiritualidad. Es un color que se relaciona con el amor puro.

El color magenta ayuda a cargar energéticamente las glándulas suprarrenales, y los riñones. Actua como diurético.

Es un color espiritual, pero también con alusiones prácticas, asociadas con la compasión, la ayuda y la bondad.

El color magenta se relaciona con el sentido práctico de la vida y por ser una mezcla entre el color rojo y azul, incluye la pasión del rojo y el equilibrio del azul.

Innegablemente, el color magenta se relaciona a la armonía entre lo emocional, espiritual, y físico.

Las vibraciones del color magenta refuerzan el vínculo con el propósito de nuestra vida y la misión del alma. Ayuda en el desarrollo espiritual, y optimiza nuestras habilidades psíquicas.

Nos auxilia a vencer los obstáculos de la vida para experimentar un nivel más alto de conciencia.

Acuario

Blanco

Palabras claves del color blanco*: luz, bondad, pureza, optimismo, perfección, inocencia.*

El color blanco es el más puro de todos, representa la pureza. Es un color protector, aporta paz y confort, ayuda a limpiar y aclarar las emociones, y los pensamientos.
Si necesitas tiempo y espacio en tu vida porque te sientes agobiado, el blanco es el color que puede hacerte sentir libre y olvidarte de las presiones.
Desde el punto de vista espiritual el color blanco es símbolo de curación, protección, paz interior, calma e inocencia.
Este color representa la luz divina, y la claridad mental. El color blanco es utilizado para curar bloqueos emocionales ya que posee un efecto purificador y regenerador sobre el cuerpo y la mente.

Puedes utilizarlo para reducir el estrés, la ansiedad y mejorar la calidad del sueño.

Piscis

Plateado

Palabras claves del color plateado*: estabilidad, sensibilidad, versatilidad, independencia, paz, y tenacidad.*
El plateado es el color de la Luna, la cual está siempre cambiando. Se relaciona con la parte femenina y emocional, los aspectos sensibles y con la mente. Es el símbolo de la comunicación entre el mundo humano y el celestial.
El plateado equilibra, armoniza y es un color que ayuda a limpiarse interiormente. Representa la divinidad y tiene una energía que puede ayudar a quien lo usa. El plateado es un color versátil y se utiliza para crear equilibrio y armonía.

Este color te ayudará conectar con tu intuición, y atraerá abundancia a tu vida. El color plata te recuerda que eres un ser espiritual, y te ayudará a encontrar tu propósito.

Numerología 2024

Introducción

No existe la casualidad, existe la sincronicidad. Todos nacemos un día, lugar, fecha y hora que no son un capricho del destino. Traemos misiones y lecciones específicas de vidas pasadas.

Utilizando la numerología tendremos más autonomía y tomaremos las riendas de nuestro destino.

La numerología es el estudio de los números y su significado. Es una disciplina basada en el concepto de que el nombre, día, mes y año de tu nacimiento, contienen información fundamental relacionada contigo. Analizando los valores numéricos de las letras que componen tu nombre y apellido y los dígitos en tu fecha de nacimiento podrás conocer aspectos importantes de tu personalidad y tu propósito en la vida.

La numerología es una antigua tradición esotérica que ha sido utilizada por todos los místicos y filósofos, desde hace miles de años en China, Grecia, Roma y Egipto.

La Numerología es la correspondencia entre los números y eventos, y el análisis de cómo inciden en la vida. Podemos utilizar la Numerología para conocernos, y explorar nuestros talentos. Es tan amplia que la podemos utilizar para adquirir información sobre nuestra salud, profesiones, relaciones sentimentales y propósitos en la vida.

Se le ha atribuido a Pitágoras el mérito de ser el primero en dominar esta herramienta, por esa razón es considerado el padre de la numerología. No solo hizo extensos aportes al progreso y perfeccionamiento de la numerología, es también el creador de múltiples hipótesis matemáticas.

Numerología 2024

*Según la Numerología 2024 este año suma el número **8**.*

Este número está relacionado a la abundancia, el poder, equilibrio y la justicia.

Durante este 2024 debemos reevaluar la forma en la que nos relacionamos con la prosperidad. Debemos ser organizados, pagar nuestras deudas económicas y organizar nuestras vidas más eficientemente. Es un año donde debemos valorar nuestro tiempo, y enfocarnos en las cosas importantes.

Tenemos que aprender a vivir sin miedo, y debemos tratar de curar nuestras heridas a nivel subconsciente.

Este año te dará la oportunidad de ser próspero a nivel espiritual y material. Tienes que elevar tus niveles de autoestima para lograrlo.

Sera un año con muchos desafíos, pero debes recordar que con ellos aprenderás.

A nivel mundial habrá un incremento de las críticas y rebeliones en contra de los abusos, tiranías, violencias y dictaduras.

¿Qué significa espiritualmente el número 2024?

Los significados de los dígitos individuales que componen el número 2024 según la numerología son: ***El número 2*** *simboliza la dualidad, familia, vida privada y social. Disfrutarás de la vida en tu hogar y de las reuniones familiares.*

El número 2 indica una persona sociable, amistosa, y empática. Es el número de la cooperación, adaptabilidad, y consideración hacia los demás.

Este número simboliza el equilibrio, la unión y la afinidad. Es también un excelente mediador, honesto y diplomático. Representa la intuición y vulnerabilidad.

El número 4 *llega para establecer estabilidad y. evoca el sentido del deber y la disciplina. Nos habla de construir bases sólidas. Este número te enseña a evolucionar en el mundo material, y a desarrollar tu mente lógica.*

El número 0 *todo comienza en el grado cero y en el punto cero termina. Algunas veces no sabemos el final, pero percibimos el comienzo, ese es el punto cero.*

Definición del Año personal

Probablemente cada vez que comienza un año te haces preguntas y escribes metas sin saber cuáles son los desafíos que el nuevo año tiene para ti.

Cuando comienza un año, se cierra un capítulo en nuestras vidas, pero comienza un ciclo que nos desafía porque no tenemos seguridad si todos nuestros sueños podrán convertirse en realidad.

¿Qué me espera en el año nuevo? ¿Me compraré una casa, tendré una nueva pareja, me cambiaré de trabajo? ¿Es este el año apropiado para tener hijos?

Es importante tener una mentalidad abierta cuando tenemos tanta incertidumbre ante las cosas que son nuevas o diferentes. Pero con la numerología tenemos la oportunidad de utilizar nuestro año personal y tener una idea de cómo pueden ser las cosas.

Los Números de los Años Universales se diferencian de los demás, porque no dependen de tu nombre y fecha de nacimiento. Los dos primeros dígitos del Número del Año representan el equilibrio de ese siglo. El tercer número del año simboliza el ritmo de la década. El cuarto dígito no tiene concretamente ningún significado.

Como calcular tu Año Personal.

Este es un ejemplo:

Juan Carlos nació el 7 de diciembre de 1965.

Para conocer su año personal 2024 hacemos este cálculo:

7 (día de nacimiento) + 1+2 (mes de nacimiento) + 2 + 0 + 2 + 4(año que comienza) = 18 (1 + 8) = 9

Para Juan Carlos, el año 2024 es un Año Personal 9.

Este número es importante, específicamente si el resultado es uno de los números maestros:11, 22, 33.

El año personal describe lo que tienes que hacer durante ese periodo. Serán, opciones, cambios o refuerzos que van a enriquecer tu camino.

Año Personal 1

Palabras clave para el Año 1*: Transformación, Investigación, Compromiso.*

Comienza un nuevo capítulo en tu vida. Es probable que te mudes, que consigas un nuevo trabajo o que conozcas a nuevas personas que cambiarán tu vida para siempre.

Esta año vas a establecer las bases para nuevos proyectos e ideas. Es una etapa donde vas a renacer. Debes considerar este año como el momento perfecto para cambiar diferentes aspecto de tu vida, hay cosa que ya no te funcionan y tienes que soltarlas.

Esta año te ofrece la invitación a te lenes de coraje y trates de cumplir tus sueños, realmente vas a tener entusiasmo para hacer los cambios. Llénate de valor y explora nuevas oportunidades y actitudes que te ayuden a cambiar el enfoque de tu vida.

Este año 2024 es una invitación personal a que confíes, reflexiona sobre lo que deseas, elige con objetividad, y decide en que quieres triunfar. Trata de escoger lo que realmente te hace feliz.

Comienza por catalogar las cosas que deseas cambiar, incluye mejoras en tu vida cotidiana, como cambio de hábitos en tu alimentación o hacer ejercicios. Recuerda que para comenzar algo debes planificarlo con coherencia y determinación.

Este año es la oportunidad perfecta para cerrar un ciclo, debes dejar atrás todo lo que no te aporta utilidad. Concéntrate en lo que te ayude a crecer, desarrollarte o aprender. No temas desprenderte de lo que fue útil en el pasado.

Es necesario que te olvides del pasado y mires hacia el futuro. Demasiadas cosas han pasado que han podido confundir su mente, esas cosas te impiden acceder a los caminos que llevan a la felicidad.

Si tienes negocios y proyectos esfuérzate porque continúen creciendo sin forzar las cosas. Trata de que todo tenga un ritmo.

Trata de no adquirir nuevas deudas.

La vida te recompensará.

Año Personal 2

Palabras Clave para el Año 2: *Responsabilidad, Armonía, Estabilidad.*

Este año debes continuar edificando. El año 2024 te permitirá conocer tutores, maestros, o incluso una pareja. Las energías del año se enfocan en la cooperación y paciencia.

Comienzas una fase de desarrollo y debes poner en práctica tú iniciativas. Este año 2 puede parecer lento, pero es un periodo de definición de tus objetivos.

Probablemente encontrarás obstáculos o personas que intenten limitar tu camino, por eso es importante que no te abrumes y te pongas ansiosos. No debes preocuparte por las cosas que están obstaculizando tus iniciativas, es sólo el asentamiento natural, y es parte de tu proceso de crecimiento.

Debes aprender a ser más diplomático y, tacto. Pueden aparecer personas dispuestas a distraerte, pero eso no debe limitarte de tener nuevas amistades.

Si cuando hiciste el cálculo la suma fue 11 significa que llego tu momento de respirar, de evolucionar y de tomar conciencia.

Te llegó el año de recibir bendiciones. Trata de desprenderte de todas las personas tóxicas si deseas tener un año próspero, no confíes en nadie.

El año 2024 te ofrece la oportunidad de dejar tus preocupaciones pasadas y encargarte de tu vida con más entusiasmo.

La vida te va a presentar planes completamente nuevos y te dará la oportunidad de construir tu futuro si dejas el pasado atrás. Es el año de pensar en ti, romper límites y no autosabotearte.

Debes tener coraje y enfrentar la vida desde un enfoque positivo.

Año Personal 3

Palabras clave para el Año 3*: Agilidad, Creatividad, Información.*

Este es el año para que busques formas de compartir tu sabiduría al mundo. Te vas a sentir parte de un todo mayor y tendrás mucha satisfacción y plenitud.

Tienes que deshacerte de las sensaciones de restricciones que has acumulado. La única forma de obtener resultados este año es que permitas que tu creatividad se exprese. Deja atrás la rigidez, que tu imaginación sea libre. Debes caminar la milla extra.

Busca un pasatiempo nuevo, cambia tus hábitos, comienza a implementar nuevas ideas y soluciones a los retos que se te presenten en el camino.

Tendrás que trabajar muy duro, pero tienes la oportunidad para fortalecer tus vínculos individuales, y formar relaciones más formales. Estos vínculos se pondrán a prueba, ciertas relaciones no te convienen. Quizás te dan mucha diversión pero que tienen una parte oscura. Trata de establecer metas comunes con las personas que quieres.

Durante este año debes ser más consciente con tu nutrición, y descansar ya que tus niveles de energías estarán bajos.

Año Personal 4

Palabras clave para el Año 4: *Renovación Restauración, Innovación, Asertividad.*

Este año tienes que esforzarte y ser organizado. Si logras permanecer en el presente puedes llegar a donde tu deseas.
Ahora es el momento para que reflexiones y analices d sobre tus metas personales. Tienes que establecer un plan para que puedas lograr algo específico y bien estructurado.
Trata de pensar en tu futuro, trata de asumir todas las responsabilidades y organizar todos tus proyectos con cuidadosamente. Quizás estes un poco autocritico y esto puede traer como consecuencia que establezcas tus puntos de vista fuertemente, que estes más decidido y luchador. Esto es positivo ya que te permitirá notar todos los cambios que se produzcan en tu entorno.
Irremediablemente todo lo anterior tendrá un efecto positivo en tus relaciones familiares y en tus

amistades cercanas. serás más asertivo y esto tendrá un impacto positivo en tus relaciones personales. Si te organizas este será un año de prosperidad, abundancia y triunfos. Confía en ti porque vas a poder recuperar tu entusiasmo y vivir con ilusión.

La inercia es tu peor enemigo este año, así como los pensamientos negativos. El destino te ofrece la oportunidad de alcanzar todo lo anhelas, atrévete luchar por esos sueños.

Año Personal 5

Palabras clave para el Año 5*: Carácter, Voluntad, Esfuerzo, Coraje, Ratificación, Reconocimiento, Visualización.*

Un año donde disfrutaras de muchas aventuras, emociones y donde tendrás la oportunidad de plantar semillas con intención de triunfar.

El Año 5 para ti es como una inyección de entusiasmo, planifícate porque es un ano de muchos cambios. Debes estar preparado para algunas circunstancias e imprevistas. Trata de ser receptivo a todas las oportunidades y también a todos los desafíos.

Debes tener claridad mental, ser precavido y nunca subestimar tu potencial.

Trata de ampliar tu círculo de amistades, mantén saludable tu imagen pública, y presta mucha atención a los contratos que tengas que firmar.

Cuídate a ti mismo, porque de esta forma tendrás el éxito que mereces. Establece hábitos que te permitan asegurar tu prosperidad para los próximos años. Calcula los riesgos, y decide sobre cuáles son las oportunidades perfectas cuando se te presenten.

No te precipites y actúa con cabeza, siempre pensando en lo mejor para ti en el largo plazo. Olvídate de resultados inmediatos y acepta que las cosas llevan su tiempo y no siempre puedes esperar que sucedan cuando tú quieres.

Año Personal 6

***Palabras Clave para el Año 6**: Reorganizar, Renacer Reformar, Sustituir, Manifestar, Difundir, Trasmitir Informar, Participar.*

Esta año 2024 te ofrece la oportunidad de curar heridas sentimentales y de liberarte de todas las emociones reprimidas que duermen en tu subconsciente.

Estarás muy enfocado en tu hogar y familia. centra en la familia, el hogar y la responsabilidad. Es el momento perfecto para crear un ambiente más estable y armónico en tu entorno.

Es clave que este año aprendas a compartir todo lo que has recibido en abundancia. También es necesario que evites acciones impulsivas para que no cometas errores.

Actua siempre con ética, trata de mantener la calma y confía en tus decisiones. Vas a ver resultados increíbles y todo será gracias a tu valentía. Todo lo que estaba paralizado comenzará a fluir de repente y te sentirás liberado. Quizás en algunos periodos notarás inestabilidad, pero esto es necesario para que rompas la rutina.
Tendrás oportunidades de viajar, disfruta y controla los excesos de cualquier tipo.

Año Personal 7

Palabras claves para el Año 7*: Investigación, Observación, Verificación, Control, Transformaciones, Metamorfosis.*

Durante este año tendrás muchos cambios. Estos cambios pueden estar relacionados con tus amistades, las relaciones sentimentales, trabajo, y hogar.
Existe la posibilidad que conozcas a alguien importante que te ayude a avanzar en tu profesión o quizás te comprometas.

Este es un año "paréntesis "ya que te detendrás a

valorar todo lo que has hecho. Tienes que soltar todo lo que no esa funcionando sean objetos o relaciones. Para esto debes perfeccionar tu capacidad de análisis y no tener miedo de tranquilamente hacer una revisión profunda de lo que te limita.

Debido a estos procesos de purificación, tus relaciones serán debatidas. A través de la comparación elimina los errores y equivocaciones.

Te sentirás atraído por temas esotéricos, pero crecerás espiritualmente. No olvides que cada cual viene con un contrato diferente al tuyo a esta vida y que no debes juzgar el camino de los demás. Toda persona esta donde debe estar.

Año Personal 8

***Palabras Clave para el Año 8:** Éxito, Evolución, Restauración, Transformación, Rehabilitación, Reconstrucción, Prosperidad.*

Mucha abundancia y éxito en tu camino. Te sentirás bendecido por todas las oportunidades que llegarán a tu vida. Este año personal está relacionado al l karma, así que, si actuaste bien, te esperan dividendos. Sera un ano importante donde estarás muy ocupado.

Este año debes poner cada pieza en su lugar. Es el momento de tomar decisiones, reflexionar, y escoger que y quien deseas para tu vida.

Te sentirá más seguro y tendrás más capacidad mental para enfrentar los desafíos. Debes arriesgarte, y comenzar estudios que te ayuden a avanzar en tú profesión.
Querrás disfrutar momentos de soledad, acompañado por tus pensamientos, muy lejos del bullicio de las redes sociales. Debes practicar la meditación combinada con técnicas de respiración.
No le des tanta importancia a asuntos superfluas, y apersonas toxicas.

Año Personal 9

Palabras Clave para el Año 9*: Vencer, Terminar, Concluir, Cumplir, Sentir Percibir, Instruirse Formarse Estudiar, Experimentar, Profundizar.*

Este año será difícil si te resistes a los cambios. Es un año de finales. Bota lo que no sirve y aléjate de los vampiros energéticos.

Rodéate de personas que te aporten conocimientos y buena energías. Protégete de la magia negra. Organiza tu casa, bota lo que no uses, las cosas rotas, porque de esta forma estarás haciendo espacio para lo nuevo.

Debes decidir que realmente quieres hacer en tu vida, el destino te gritara en tus oídos que deseas realmente y si estás dispuesto a luchar por ello.

El compromiso este año es contigo mismo, tienes que renunciar a tus miedos e inseguridades porque durante este periodo debes estar atento y no quejarte tanto.

Tu Número del Alma. Como Calcularlo

Tu número del alma manifiesta tus deseos, satisfacciones, aficiones, inquietudes, preocupaciones y malestares.

El alma es la parte espiritual que tenemos todas las personas. Junto con la mente y el cuerpo, el alma compone al ser humano. En la numerología, el alma se relaciona con un número denominado: número del alma.

Este número procede de las vocales del nombre de nacimiento, y representa a él yo interior

Si deseas calcular tu número del alma, debes identificar las vocales de tu nombre completo. No olvides incluir los segundos nombres.

Debes utilizar las vocales ***A, E, I, O U****. Si por casualidad tu nombre tiene una Y, ya que la Y realiza la función de vocal debes utilizarla. Como ejemplos están los nombres: Daryl, Dylan, Henrry y Taylor*

El valor numérico de cada vocal es el siguiente:
A = 1
E = 5
I= 9
O = 6
U = 3
Y = 7
Cuando logres identificar el número de cada vocal de tu nombre completo, el próximo paso es sumarlos todos y reducirlos a una sola cifra, exceptuando los números 11 o 22, que son números maestros.

Significado del Número del Alma

Número 1:

Almas independientes que pueden cuidarse bien, tienen una visión clara de las metas y propósitos de vida.

Número 2:

Cariñosas, artísticas, tranquilas, pacíficas y educadas, así son las almas número 2. Además, tienen una gran imaginación y creatividad.

Número 3:

Es fuerte, determinada valiente, compasiva, entusiasta y muy optimista. Constantemente, piensan en el futuro.

Número 4:

Están obsesionadas con el orden, la estabilidad y el control. Suelen sentirse frustradas cuando las cosas no salen de acuerdo con el plan.

Número 5:

Son almas libres, viajeras que les agrada conocer gente nueva. Los desafíos les emocionan por lo que se le considera un alma líder.

Número 6:

El amor es su alma más poderosa, por lo que suelen priorizar los intereses de los demás que los suyos. Son muy equilibrados y llenos de armonía.

Número 7:

Se la viven en un constante análisis mental de lo que desean del mundo y la vida en general. Son artistas muy talentosos y nada ambiciosos.

Número 8:

Son almas líderes o figuras en la sociedad, aspiran a ser ricos y tener poder y un alto estatus. Su ambición los convierte en los mejores en lo que hacen.
Número 9: Es el alma más desinteresada y soñadora. Es carismática, comprensiva, y hacen del mundo un lugar mejor.

Número 11:

Son creativas, artísticas y carismáticas. Poseen un lado psíquico debido que es una de las almas más sensibles.

Número 22:

Es un alma muy relacionada con el 4 (2+2=4), pero añade las características de la honestidad, bondad y atención al detalle.

Número de Cumpleaños. Significado

Las personas con conocimientos esotéricos sabemos que nuestra alma escoge el día para nacer en este mundo, y que venimos con objetivos que debemos alcanzar y que están destinados.

El Número de Cumpleaños es el día que naciste, y tiene un impacto muy fuerte en tu vida. El Número de Cumpleaños identifica rasgos específicos que te ayudarán a avanzar en la vida.

Al conocer tu número de cumpleaños y su significado, puedes reducir o eliminar las características negativas y perfeccionar las positivas.

Cómo Calcular tu Número de Cumpleaños

Este es un cálculo simple. Escribes el numero la fecha en que naciste, y la reduces a un solo dígito si fuera necesario. Si naciste entre los días 1 y 9 de un mes no necesitas reducir los números. No obstante, si tu cumpleaños fue después del día 10 del mes, debes reducirlo hasta que llegues a un solo dígito.

***Ejemplo**:*

Si naciste el día 18 del mes, sería 1 + 8 = 9.

Número de Cumpleaños 1

Si naciste los días 1, 10, 19 o 28 de un mes, tu Número de Cumpleaños es 1.

Esto significa que tienes habilidades para ser líder y eres muy independiente. Eres creativo y, posees mucho entusiasmo.

Si naciste el día 1 del mes*, eres encantador y tienes formas creativas de completar tus metas. Casi todos los innovadores o pioneros de la historia han tenido el 1 como Número de Cumpleaños.*

Posees habilidades para ganar dinero con facilidad y eres por naturaleza dinámico. En ocasiones luces distante y das la impresión de que estás ignorando a los demás o que eres brusco.

Como eres un líder natural, pocas veces descansas, tu energía es nerviosa. En lo personal, cuando se trata de relaciones son fuertes. Eres honesto, tienes una fuerza de voluntad potente y piensas con rapidez.

Si naciste el día 10 del mes*, eres intuitivo y tienes más éxito cuando escuchas tus presentimientos. Eres dinámico, idealista y capaz de inspirar a los demás.*

Posees una capacidad única de reinventarte cuando es preciso, y como eres tan creativo puedes triunfar en cualquier negocio.

No te gusta prestar atención a los detalles y prefieres trabajar solo. En tu vida personal te relacionas con muchas personas, pero a pocas las llamas amigos.

Si naciste el día 19 del mes, *eres competitivo, tienes fuerza de voluntad y te gusta triunfar. Tienes una capacidad increíble para crear y comenzar nuevos negocios y tu gusta correr riesgos.*

Ser líder es algo muy natural para ti, pero trabajas mejor cuando te estás solo. En ocasiones puedes sentirte solo, incluso cuando estás con un grupo de personas y te resulta difícil reflejarte en los demás.

Tu personalidad es magnética y prefieres superar los desafíos en paz. Rara vez te molestas, pero cuando sucede explotas, aunque nunca guardas rencor.

Si naciste el día 28 del mes, *tu voluntad es fuerte, eres inteligente, y te gusta sobresalir. Eres rebelde y no te gusta seguir las reglas ya que eres bastante independiente. Eres muy práctico, pero analítico y entiendes los conceptos básicos de la humanidad.*

Tienes la capacidad de aplicar la lógica para obtener los resultados que necesitas. Eres perfeccionista, pero como eres innovador, nunca fracasas.

Número de Cumpleaños 2

Si naciste los días 2, 11, 24 o 29 del mes, tu Número de Cumpleaños es el Número 2.

Estas personas disfrutan de la armonía, y el trabajo en equipo, pero son sensibles. Son muy cooperativos y disfrutan de las cosas buenas de la vida.

Si naciste el día 2 del mes*, frecuentemente haces trucos con la vida y realizas múltiples tareas con facilidad. En el fondo, deseas estar en paz, alcanzar el equilibrio en tu vida es uno de tus propósitos.*

Eres diplomático, tienes un lado ambicioso y te gusta trabajar en equipo. A nivel emocional, te tomas las cosas demasiado en serio y en ocasiones puedes subestimarte a ti mismo.

Los que están cerca de ti son importantes en tu vida, ya que, en tu búsqueda de la felicidad, necesitas familiares y amigos a tu alrededor por eso debes tratar de elegir tus relaciones con cuidado.

Tu hogar es muy importante, lo cuidas y te encanta pasar tiempo en tu casa.

Si naciste el día 11 del mes*, eres intuitivo y disfrutas el trabajo duro porque de esta forma puedes transformar tus ideas en realidad. Tienes tendencia a* *ser ansioso, un estilo de vida equilibrado es recomendable para ti.*

Es importante que descanses lo suficiente, ya que se pueden agotar tus niveles de energía. Te encanta estar en contacto con la naturaleza y rodeado de animales.

A nivel emocional, tienes tendencia a quedarte apegado a el dolor o las decepciones del pasado. Tiene que dejar atrás el pasado, debes trabajar en tus niveles de confianza para que desarrolles confianza en ti mismo.

***Si naciste el día 20** del mes, tienes tacto y diplomacia. Intentas adaptarte en la vida y encajas en cualquier grupo por tu empatía y tu capacidad para sentirte a gusto donde quieras que estes.*

Eres más feliz cuando estás con personas que son similares a ti, eres emocional y sensible y en ocasiones complaces exageradamente a los que te rodean.

Las otras personas se aprovechan de tus deseos de ayudar, por eso es importante que tengas tiempo de calidad a solas para que puedas disfrutar de la paz.

***Si naciste el día 29** del mes eres muy sensible, pero disfrutas compartir tiempo con los demás. Tienes un* *carácter muy fuerte, pero inspiras con facilidad a otros.*

Tienes habilidades naturales de líder. Si deseas tener éxito en tu profesión debes elegir una que utilice tus talentos. Tienes tendencia a la timidez, pero eres capaz de superarla, aunque estes en el centro de atención porque tu personalidad es muy fuerte.

El dinero y el poder te gustan, pero eres muy generoso con los demás. Es muy importante para ti estar en línea recta y en vez de optar por rutas fáciles. Tienes tendencia a los cambios de humor, por eso debes mantener tus emociones equilibradas.

Dentro de ti hay muchos sentimientos de inseguridad, aunque anhelas poder amar profundamente. Eres reservado, escondes tus sentimientos por temor a ser ridiculizado. Existe la posibilidad de que en tu niñez hayas tenido un trauma y esto puede persuadirte de tener hijos.

Número de Cumpleaños 3

Si naciste los 3, el 12, el 21 o el 30 del mes, tienes un sentido del humor increíble y eres muy creativo. Eres un buen comunicador, amable, entusiasta y te gusta divertirte.

***Si naciste el día 3 del mes**, fácilmente sobresales por tus habilidades creativas. Tus forma de comunicación es excelente y eres muy popular.*

Las otras personas se sienten atraídas hacia ti en todos los sentidos. En ocasiones pareces distante debido a que la gente no siempre te entiende, pero incluso hay momento en los que no te entiendes ni a ti mismo.

Posees la capacidad de evitar que tu estado de ánimo se deteriore y eres un solucionador por excelencia de los problemas.

***Si naciste el día 12 del mes**, eres un niño en tu alma y tu corazón. Como eres una persona sociable, las personas se sienten atraídas hacia ti y siempre tendrás amigos. Tienes sentimientos profundos y estás comprometido con las personas que amas. En ocasiones ocultas tus sentimientos y tus necesidades a los demás. Esto puede llevarte a ser una persona misteriosa. Tienes un buen vocabulario y te expresas correctamente, esto te convierte en un maestro, por eso podrías ser orador público. Tienes muchos intereses en diferentes áreas de la vida, pero es importante que no asumas tantas responsabilidades.*

***Si naces el día 21del mes** atraes la suerte y las oportunidades. Disfrutas compartir tu buena con los demás. Eres muy popular, pero reservado en los eventos sociales. Puedes hablar con cualquiera personas sobre cualquier tema y posees un optimismo natural por la vida.*

Tu actitud ayuda a que los demás mejoren su estado de ánimo, y aunque eres obstinado a veces, tienes una mente curiosa. Existen momentos en los que te sientes nervioso porque estás constantemente movimiento, el descanso es importante para ti.

***Si naciste el día 30 del mes**, tienes mucha creatividad y entretienes a los demás de forma natural. Eres encantador y triunfas en la vida gracias a tu creatividad. Ocasionalmente te es difícil alcanzar tus metas personales. Cuando tienes dinero, eres generoso, te atraen las cosas buenas de la vida. A las personas les resulta difícil llegar a conocer tu verdadera personalidad a pesar de que eres super divertido.*

Número de Cumpleaños 4

Si tu cumpleaños es el 4, 13, 22 el 31 del mes, tu Número de Cumpleaños es 4.

Con este Número de Cumpleaños, posees deseos de seguridad y necesidad de crear estructuras sólidas para tu futuro. Eres auto disciplinado, sincero y justo.

***Si naciste el 4 día del mes**, eres convencional y práctico en tus enfoque. Conoces cómo obtener lo que deseas en la vida y tienes determinación para hacerlo.*

A veces, tus gustos y disgustos son notables y es difícil para ti cambiar tu forma de pensar. Eres feliz cuando puedes disfrutar de la vida. Es importante que dediques tiempo a aumentar tu vitalidad. Debes hacer énfasis en el descanso. En el amor te es muy difícil expresar tus emociones más profundas. Tienes apariencias de seriedad, sin embargo, una vez que las personas descubren lo amable que eres te adoran

***Si naciste el día 13 del mes**, eres una persona compleja. Eres intelectual y con una capacidad monumental de razonamiento. Tienes talento para superar los obstáculos y puedes sentir cuando las cosas van mal para contrarrestarlas.*

Eres muy bueno resolviendo problemas y eres práctico y enérgico en tus enfoques. Las tradiciones son importantes para ti, al igual que tu familia.

Tienes una actitud equilibrada, pero a veces, te permites divertirte.

Si naciste el día 22 del mes*, eres organizador y líder natural. Tienes curiosidad y buscas respuestas a los enigmas de la vida. A pesar de que eres independiente, trabajas bien con grupos.*

Tienes un entusiasmo natural por la vida, y el equilibrio es importante para ti. Tu estado de ánimo puede decaer fácilmente. Posees muchas amistades inusuales y tienes la necesidad de hacerlos felices. A veces, eres sensible y tratas de ocultar tus sentimientos para proyectar que eres fuerte.

Si naciste el día 31 del mes*, siempre estás en movimiento y viajas con frecuencia. Tienes dotes artística, pero tu mente es fuerte y decidida. Tiene ideas, y la capacidad de aprovechar estas ideas y ponerlas en práctica si es necesario. Eres trabajador, práctico y tienes un ancla en la tierra. Tienes altos ideales y eres honesto. A veces, puedes rígido en tus formas, por eso debes tratar de ser flexible.*

Número de Cumpleaños 5

Si naciste el 5, 14 o 23 del mes, tu Número de Cumpleaños es el 5.

Tienes un sentido de la aventura exacerbado. Ser libre es importante para ti, pero esto te hace impaciente. Disfrutas de los cambios, eres ingenioso, curioso, y un pensador avanzado.

Si naciste el día 5 del mes, *eres poco tradicional, y te gusta hacer lo que quieras. Tienes una visión de la vida única. Tu energía es ilimitada, esto significa que estás en movimiento constante y puedes eres rebelde porque detestas seguir las reglas. Tu personalidad es magnética, los demás te encuentran fascinante. Tienes dificultades con el compromiso y analizas muy rápido.*

Si naciste el día 14 del mes, *disfrutas los riesgos calculados y esto es parte de tu personalidad. Posees una memoria excelente, que te lleva a pensar en los dolores del pasado. Necesitas ser flexible y adaptable. Disfrutas de las comidas y bebidas, complaces demasiado tus sentidos. Eres muy generoso y, los demás te adoran.*

Si naciste el día 23 del mes, *eres versátil y piensas muy rápido. Confías en tu intuición, puedes tener habilidades psíquicas. Siempre escuchas tu voz interior, posees mucha energía, y esto puede* *inquietarte y llevarte a experimentar cosas nuevas. Aunque te enfrentes a muchos desafíos siempre aterrizas de pie.*

Número de Cumpleaños 6

Si tu cumpleaños cae los días 6, el 15 o el 24, tu Número de Cumpleaños será el 6.

Evitas las discusiones, prefieres la paz y armonía en tu entorno. Con frecuencia te sientes inquieto si discutes con los demás. Las personas se sienten atraídas por tu magnetismo.

Si naciste el día 6 del mes*, tiene habilidades comerciales, eres artista y encantador. Tienes la capacidad de superar cualquier desafío. Le das importancia a tu vida familiar y siempre ayudas a los necesitados. Con frecuencia asumes demasiadas responsabilidades.*

Disfrutas cuando le das consejos a los demás, pero te resulta difícil aceptar críticas.

Si naciste el día 15 del mes*, eres sensible. Eres empático y tratarás de ayudar a quienes lo necesitan. A veces, asumes los problemas ajenos y puede resultarte muy difícil dejarlos ir. La vida familiar es* *muy importante para ti. Eres muy respetado en los negocios, atraes personas influyentes a tu vida.*

Si naciste el día 24 del mes*, trabajas duro para alcanzar tus metas, y te gusta ser simple. La clave de tu éxito es tu enfoque práctico y equitativo. Con frecuencia asumes cuando otros no pueden continuar, pero esperas que otros también asuman su responsabilidad. A menudo te encuentras rodeado de niños, o por personas con carácter jovial. Tu hogar es tu santuario y la música es tu forma favorita de relajarte.*

Número de Cumpleaños 7

Si naciste los días 7, 16 y 25 del mes, tu Número de Cumpleaños es el 7.

Eres reflexivo y siempre estás buscándole un significado a la vida. Adoptas un enfoque mesurado cuando tienes que tomar decisiones porque detestas equivocarte. Te sientes atraído por la naturaleza porque nutre tu mente y alma.

Si naciste el día 7 del mes*, tienes una apariencia distante, porque posees una timidez natural. Amas la privacidad y pocas personas conocen tu verdadero yo.*

Eres muy curioso y estas constantemente preguntando, aunque eres reacio a que te interroguen. Confías en tu intuición.

Si naciste el día 16 del mes*, tu poder de percepción es excelente, detectas la maldad de inmediato. Tienes una intuición Es importante que termines lo que comenzaste, para eso debes ser más analítico. Con frecuencia te consideran perfeccionista. Debes tratar de ver los aspectos positivos de la vida, ya que debes controlar tus cambios de humor.*

Si naciste un día 25 del mes*, tienes necesidad de tranquilidad y anhelas estar solo. Es importante que te poder relajes y revitalices tu mente. Te atrae el mar, eres muy curioso, e intentas siempre descubrir cómo funciona las cosas. Es importante que sigas tus instintos y obtengas conocimientos metafísicos.*

Número de Cumpleaños 8

Si naciste los días 8, 17 o 26 del mes, tu Número de Cumpleaños será 8.

Tienes necesidad de ser tu propio jefe o, estar en una posición en la que tengas responsabilidades y puedas supervisar a los demás. Estás muy motivado por las posesiones materiales. Eres muy seguro, y ambicioso.

Si naciste el día 8 del mes*, tienes un aura magnética increíble a tu alrededor. Algunas personas te encuentran intimidante. Te gusta tomar tus propias decisiones y odias que te digan lo que hacer.*

El éxito es muy importante en tu vida y encuentras la felicidad en tener dinero y cundo luchas por el éxito material.

Si naciste el día 17 del mes*, eres ambicioso y tienes éxito en cualquier negocios. Tienes buena memoria, pero también tendencias adictivas. En ocasiones eres egocéntrico. Eres analítico y necesitas pruebas concretas, en vez de escuchar información al azar. Eres organizado y triunfas en el área de las finanzas.*

Si naciste el 26 del mes*, Posees una necesidad innata de tener relaciones equilibradas. Aprecias tu hogar y familia, pero casi siempre estas muy ocupado para disfrutarlos. Ere más feliz cuando estás rodeado de animales. Tienes habilidades de líder, eres organizado, pero padeces de estrés. Es importante que aprendas a mantener la calma y a manejar los factores estresantes.*

Número de Cumpleaños 9

***Si naciste los días 9, el 18 o el 27del mes**, tu Número de Cumpleaños es el 9.*

Tienes deseos de que el mundo sea un lugar mejor. Tienes una mentalidad amplia e interés en los asuntos de política mundiales. Tiene capacidad de comprender a personas con diferentes tipos de pensamientos.

Si naciste el día 9del mes, tu corazón es bondadoso y compasivo. Eres idealista, y siempre extenderás la mano a los necesitados. Eres reservado con tu vida personal, y muy creativo. Eres sociable y atraes con facilidad. Eres un soñador, y te esfuerzas por inspirar a los demás. Recuerda que debes cuidar tu salud.

***Si naciste el día 18 del mes**, tienes potencial para ser exitoso. Eres artístico, conoces tus fortalezas, eres muy independiente y líder. Tus gustos son refinados y necesitas mantenerte estimulado mentalmente. Tiendes desinteresarte de las cosas mundanas.*

***Si naciste el día 27 del mes**, eres muy privado con tu vida personal y te guardas tus emociones. Defiendes con pasión a quienes te rodean y tus habilidades de* *comunicación son increíbles. Tienes mucha creatividad, podrías ser muy buen escritor o compositor. También te podría interesar la política.*

Acerca de las Autoras

Además de sus conocimientos astrológicos, Alina A. Rubí tiene una educación profesional abundante; posee certificaciones en Sicología, Hipnosis, Reiki, Sanación Bioenergética con Cristales, Sanación Angelical, Interpretación de Sueños y es Instructora Espiritual. Rubi posee conocimientos de Gemología, los cuales usa para programar las piedras o minerales y convertirlos en poderosos Amuletos o Talismanes de protección.

Rubi posee un carácter práctico y orientado a los resultados, lo cual le ha permitido tener una visión especial e integradora de varios mundos, facilitándole las soluciones a problemas específicos. Alina escribe los Horóscopos Mensuales para la página de internet de la American Asociation of Astrologers, Ud. puede leerlos en el sitio www.astrologers.com. En este momento escribe semanalmente una columna en el diario El Nuevo Herald sobre temas espirituales, publicada todos los domingos en forma digital y los lunes en el impreso. También tiene un programa y el Horóscopo semanal en el canal de YouTube de este periódico. Su Anuario Astrológico se publica todos los años en el periódico "Diario las Américas", bajo la columna Rubi Astróloga.

Rubi ha escrito varios artículos sobre astrología para la publicación mensual "Today's Astrologer", ha impartido clases de Astrología, Tarot, Lectura de las manos, Sanación con Cristales, y Esoterismo. Tiene videos semanales sobre temas esotéricos en su canal de YouTube: Rubi Astrologa. Tuvo su propio programa de Astrología trasmitido diariamente a través de Flamingo T.V., ha sido entrevistada por varios programas de T.V. y radio, y todos los años se publica su "Anuario Astrológico" con el horóscopo signo por signo, y otros temas místicos interesantes.

Es la autora de los libros "Arroz y Frijoles para el Alma" Parte I, II, y III, una compilación de artículos esotéricos, publicada en los idiomas inglés, español, francés, italiano y portugués. "Dinero para Todos los Bolsillos", "Amor para todos los Corazones", "Salud para Todos los Cuerpos, Anuario Astrológico 2021, Horóscopo 2022, Rituales y Hechizos para el Éxito en el 2022, y 2023 Hechizos y Secretos, Clases de Astrología, Rituales y Amuletos 2024 y Horóscopo Chino 2024 todos disponibles en nueve idiomas: inglés, ruso, portugués, chino, italiano, francés, español, japonés y alemán.

Rubi habla inglés y español perfectamente, combina todos sus talentos y conocimientos en sus lecturas. Actualmente reside en Miami, Florida.

Para más información pueden ***visitar el website*** ***www.esoterismomagia.com***

Angeline A. Rubi es la hija de Alina Rubi. Es la editora de todos los libros. Actualmente estudia psicología en la Universidad Internacional de la Florida. Es la autora de "Proteína para tu Mente", una colección de artículos metafísicos.

Desde niña se interesó en los temas metafísicos, esotéricos, y práctica la astrología, y Kabbalah desde los cuatro años. Posee conocimientos del Tarot, Reiki y Gemología.

Para más información pueden contactarla por email: ***rubiediciones29@gmail.com***

Printed by Libri Plureos GmbH in Hamburg,
Germany